RAPPORT

LES COOPERATIONS
30 ANS D'INITIATIVES EN RESEAU

28 octobre 2020

Membres du comité de lecture : Laurent Pinet, Gilles Pichavant, Julien Baron, Eric Béasse, Laëtitia Blanquart,

Rapport préparé par Julien Alleau (délégué Coorace Normandie)
Avec la participation de Laurent Bouvet (délégué Coorace Normandie), Muriel Moujeard (directrice du CIBC Normandie)

Citer ce rapport :
ALLEAU J., BOUVET L., MOUJEARD, M. MOLLET, F. (2020). *Les Coopérations : 30 ans d'initiatives en réseau*, Bagneux, Coorace.

© Laurent Bouvet 2022
Édition : BoD – Books on Demand, info@bod.fr
Impression : BoD – Books on Demand, In de Tarpen 42,
Norderstedt (Allemagne)
Impression à la demande
ISBN :978-2-3223-9804-1
Dépôt légal : mai 2022

SOMMAIRE

Sommaire 5

Avant-Propos 7

Introduction.. 9

Chapitre Premier – Etat de l'art.. 19

Chapitre II : Le terrain des coopérations : valeurs, objectifs et limites.............. 29

Chapitre III : Coopérations au service des parcours d'insertion 43

Chapitre IV : Des coopérations au service de gestion prévisionnelle des emplois et compétences 55

Chapitre V : De la coopération contractuelle à la coopération fusionnelle 71

Chapitre VI : De nouvelles formes de coopérations : le retour des engagements citoyens et responsables 87

Conclusion et perspectives 99

Liste des abréviations 105

Bibliographie.. 107

AVANT-PROPOS

Avant-propos et remerciements,

Pourquoi ce rapport sur la coopération ?

Ce rapport est principalement destiné aux partenaires, organisations de l'ESS et acteurs de Coorace qui souhaitent comprendre pourquoi le réseau inscrit, depuis plus de 35 ans, la coopération au centre de ses principes d'action.

En partant d'aspects conceptuels, il dresse un large premier panorama non exhaustif des méthodes, outils et actions proposés par Coorace. Ainsi, la fédération Coorace développe depuis de nombreuses années une approche d'appui et d'accompagnement de ses adhérents sur les enjeux de la coopération, considérant que la coopération est une valeur et un principe d'action essentiels à toute initiative de création d'emploi et de lutte contre le chômage et la pauvreté.

Créées à partir d'initiatives citoyennes au sein de différents territoires, les Associations Intermédiaires ont constitué les premières formes de coopérations territorialisées du réseau sous un format associatif. Ces coopérations se sont étoffées au gré des années. À l'interne d'une part : comment renforcer les liens de coopération au sein des organisations pour maintenir et développer les initiatives de lutte contre le chômage et la pauvreté ? À l'externe d'autre part : comment animer une diversité d'acteurs (organisations de l'action sociale, entreprises, collectivités, *etc.*) dans le but de lutter contre le chômage et la pauvreté ?

Ces dix dernières années, la fédération s'est plus spécifiquement concentrée sur des approches plus multi-structurelles des coopérations tels que les Groupements Groupes Économiques Solidaires (GES), institutionnalisés dans le cadre de la loi RSA et politiques d'insertion du 3 décembre 2008 (article 20) ou encore les Pôles Territoriaux de Coopération Économique (PTCE) institutionnalisés dans le cadre de la loi ESS de 2014 en attestent. La coopération demeure une notion structurante pour le réseau Coorace, comme un pilier de toute démarche d'emploi déployée au service d'un territoire.

Enfin, Coorace s'est investie auprès de nombreux partenaires afin de contribuer au développement de nouvelles approches telles que la reconnaissance ouverte des compétences par les open badges ou l'émergence des Territoires zéro chômeurs de longue durée. À nouveau, les coopérations territorialisées constituent la clé de voute : un socle indispensable pour développer des relations de confiance entre acteurs et citoyens pour atteindre un objectif invariable : créer des activités porteuses de richesses et d'emploi pour les personnes et les territoires.

Commandé en 2019 par le président Jean Burneleau, le bureau de Coorace national remercie la délégation Coorace Normandie pour ce rapport sur les coopérations.

Les membres du bureau de Coorace national

INTRODUCTION

Le sujet des coopérations revêt des intérêts partagés par de nombreux acteurs : des chercheurs, des institutions ou encore une diversité d'organisations économiques et sociales. Plus spécifiquement, les entreprises de l'Economie Sociale et Solidaire (ESS), définies par le respect des principes de libre adhésion, de lucrativité limitée, d'autonomie de gestion et de gérance démocratique[1], y sont particulièrement sensibles.

Bien qu'elle n'apparaisse pas sur le fronton de l'Économie Sociale et Solidaire, la coopération en est une composante essentielle. L'article 1er de la loi n°2014-856 ne reprend pas le principe de coopération comme élément constitutif de l'ESS. Dans l'ensemble de ce texte, le mot n'est utilisé qu'au sujet des Pôles Territoriaux de Coopération Économique ou des Coopératives. Pourtant, le labo de l'ESS[2] s'appuie sur le concept de coopération pour définir le champ de l'économie sociale et solidaire :

> Le terme d'Économie sociale et solidaire regroupe un ensemble de structures qui reposent sur des valeurs et des principes communs : utilité sociale, coopération, ancrage local adapté aux nécessités de chaque territoire et de ses habitants. Leurs activités ne visent pas l'enrichissement personnel mais le partage et la solidarité pour une économie respectueuse de l'homme et de son environnement[3].

---

[1] *LOI n° 2014-856 du 31 juillet 2014 relative à l'économie sociale et solidaire*, 2014. Parmi les organisations de l'ESS se trouvent les associations, coopératives, mutuelles, fondations et les sociétés commerciales poursuivant un objectif d'utilité sociale depuis cette loi.

[2] « Le Labo de l'ESS se définit comme suit : « association d'intérêt général créée en 2010, [le labo de l'ESS] est un think tank qui fait connaître et reconnaître l'économie sociale et solidaire à travers ses travaux, ses publications et ses événements grand public. Il est un lieu d'échanges, de réflexions et d'actions pour une économie respectueuse de l'homme et de l'environnement » : http://www.lelabo-ess.org/

[3] Définition de l'Économie Sociale et Solidaire proposée par le labo de l'ESS : http://www.lelabo-ess.org/+-ess-+.html.

Sans qu'elle soit ici définie, l'idée de la coopération serait alors indissociable de la notion d'ancrage territorial et d'utilité sociale. Ces deux dernières notions sous-tendent les principes d'actions des organisations de l'ESS : le « soutien aux personnes en situation de fragilité » et/ou « la contribution à la lutte contre les exclusions et inégalités » et/ou « le concours au développement durable »[4].

Le rôle de l'ESS et la définition qui lui est donnée se pensent à l'aune des défis que la société française doit affronter, et de la capacité de la puissance publique à y répondre. Les réformes successives n'ont pas réussi à gommer les inégalités socio-économiques sur les territoires de la République. La reprise économique, avérée jusqu'en mars 2020, n'est pas parvenue à combler les écarts entre territoires – la croissance porte en elle-même l'accroissement d'inégalités territoriales à court terme[5] –, ni même entre personnes ayant un emploi, en situation de précarité ou sans emploi[6]. Si les indicateurs de mesure de la précarité et de la pauvreté indiquent un enracinement général au cours des dernières décennies[7], la segmentation spatiale s'observe plus volontiers à grande échelle géographique, c'est-à-dire localement[8]. À titre d'exemple, les communes dont le taux de pauvreté en France est le plus important sont majoritairement situées dans la couronne Parisienne, c'est-à-dire là où la création de richesses est la plus forte[9] ; et que dire des écarts entre quartiers ? Les disparités entre les territoires, en termes de perceptions ou représentations, d'accès à l'emploi, à l'éducation, à la mobilité, à la culture, à la santé ou à l'environnement (et le lien entre santé et environnement), marquent encore aujourd'hui notre pays et l'esprit de ses citoyens. Les récents débats faisant suite au mouvement dit des « gilets jaunes » ou lors de la récente crise sanitaire (Covid-19) n'ont fait que le rappeler[10].

En d'autres termes, si l'action de l'État est partiellement mise en échec, penser le territoire et l'utilité sociale à travers l'ESS pourrait bien passer par des actions collectivement partagées dans un jeu d'échelles où, systématiquement, doit primer le local. L'approche locale, échelle à laquelle se pensent les actions au service de l'emploi et de la lutte contre les précarités, complète l'approche macro, où les politiques publiques, dans leur traduction fiscale et de redistribution, sont indispensables. L'ESS se pense donc comme un mode d'action en proximité des territoires et des personnes. Ancrage territorial et utilité sociale amènent à penser « coopération » plutôt qu' « individualisme » localement au service des personnes et de l'environnement.

LES ENJEUX DE LA COOPERATION

Si la loi du 31 juillet 2014 relative à l'Économie Sociale et Solidaire marque la reconnaissance législative « d'un mode d'entreprendre différent » utile aux

---

[4] Article 2, *LOI n° 2014-856 du 31 juillet 2014 relative à l'économie sociale et solidaire*, 2014
[5] Davezies, 2009
[6] Alleau et al., 2018
[7] Schmitt and Sicsic, 2018. Voyez également INSEE, 2019 : « De 1996 à 2004, le taux de pauvreté baisse nettement (– 1,9 point) puis remonte jusqu'en 2011 pour quasiment retrouver son niveau de 1996. Globalement, il recule légèrement de 2011 à 2016 (– 0,6 point sur la période, en chaînant les variations à méthodologie constante) ».
[8] Béhar et al., 2018
[9] En moyenne, la valeur ajoutée par habitant francilien est de 53 900 € ; elle est de 80 528 € à Paris, soit la plus forte valeur ajoutée moyenne entre toutes les communes de France. Association des Maires des Grandes Villes de France and Caisse d'Epargne, 2011
[10] Burneleau and Coutellier, 2018 ; Dubost et al., 2020

territoires et plaçant les hommes et les femmes au cœur de la préoccupation entrepreneuriale, des batailles restent à mener pour promouvoir cette vision.

Le sentiment d'abandon, par les pouvoirs publics et par les entreprises capitalistes, de certains territoires déprimés économiquement, touchés par le chômage de longue durée et le décrochage scolaire, a parfois conduit au repli sur soi, au déclin d'un sentiment d'appartenance à un collectif, au rejet d'une certaine vision de la démocratie ou à l'envie d'être un acteur-citoyen : autant de freins à la solidarité ou à la coopération.

Les enjeux sont donc simples à envisager, mais complexes dans les réponses à leur apporter. Redynamiser des territoires en difficulté, *via* des entreprises et des citoyens acteurs ; recréer du sens collectif ; œuvrer à une meilleure prise en compte du changement global en termes d'actions au service de l'environnement ou de la société. La coopération est un moyen indispensable pour y parvenir. Ainsi, Armand ROSENBERG, Directeur du GES Icare-Domb'inov et Valhorizon affirme que :

> … l'ESS pose la coopération entre acteurs comme une nécessité pour inventer de nouvelles manières de faire éclore des entreprises & des emplois, ce dont les entreprises de l'Insertion par l'Activité Economique sont très exemplaires. Ce faisant l'économie sociale et solidaire développe une réelle innovation (sociale) de rupture ! L'enjeu est aujourd'hui de montrer qu'on peut mettre en mouvement l'intérieur et l'extérieur, les acteurs de l'économie sociale et solidaire et ceux de l'économie conventionnelle[11].

En ce sens la coopération porte en soi les germes de l'innovation sociale. Si la coopération est un moyen, sa mise en œuvre sur les territoires amène à l'envisager comme un environnement à construire et à entretenir à tout prix afin de générer les conditions indispensables à la création, l'émergence et l'essaimage d'innovations. En ce sens, la coopération pourrait s'envisager comme une fin en soi. Plus largement, la coopération serait le ciment de la revitalisation des territoires par ses propres acteurs (citoyens, agents économiques, institutions déconcentrées ou territoriales, *etc.*).

Au-delà, la coopération est aussi et surtout la condition *sine qua non* d'une prise en compte et d'une adaptation au changement global dans une période désormais qualifiée d'anthropocène (réchauffement climatique, diversité du vivant menacée, espèces invasives ou évolution des dynamiques de population et enjeux sanitaires[12], *etc.*). Si cette dernière dimension est l'affaire de tous les citoyens en tant qu'objet de débat, elle implique aussi une réflexion entre les différents acteurs de l'économie en renversant les schémas anciens donnant le primat à l'économie, qui détermine le social, qui détermine la culture. Les discours incantatoires parlent volontiers de la nécessité du décloisonnement ou d'en finir avec la pensée « en silo » : force est de constater que nos référentiels culturels sont souvent obsolètes. C'est à travers un système complexe liant démocratie, économie, société et environnement que se trouve l'un des enjeux

---

[11] CRESS Auvergne-Rhône-Alpes, 2016
[12] La récente crise de la Covid-19 n'est qu'un nouvel épisode dans la propagation de zoonoses, c'est-à-dire de maladies transmises par l'animal à l'homme. Entre 1980 et 2013, 65 % des maladies émergentes étaient des zoonoses. Si le phénomène n'est pas nouveau, il semble qu'un lien étroit existe entre changement environnemental (perte de biodiversité et évolutions paysagères notamment) et zoonoses. McMahon et al., 2018

les plus importants du XXIe siècle. Comment faire en sorte que chacun puisse coopérer pour dépasser tout cloisonnement et créer les conditions d'un développement durable ?

La notion de coopération questionne l'ESS ; mais elle la dépasse. C'est même une question essentielle et bien connue des collectivités territoriales par exemple (intercommunalités ou coopérations entre différentes collectivités territoriales). Elle l'est tout autant pour de nombreuses branches professionnelles ou entreprises qui, dans le cadre de réponses à des marchés publics ou privés, dans une recherche d'innovation, ou encore pour répondre à des obligations réglementaires, travaillent à des coopérations inter-organisationnelles. Ces coopérations/relations inter-organisationnelles sont donc extrêmement élargies : entreprises à but lucratif, organisations à but non lucratif, institutions publiques. Elles visent à dépasser les risques qu'implique la compétition dans une économie globalisée et internationalisée.

Les coopérations se pensent également en tant que recherches de complémentarités ou de mutualisations pour faire face à des contextes de concurrence exacerbée, d'absence de services, de risques économiques, sociaux et environnementaux à diverses échelles :

- ces coopérations et mutualisations peuvent se penser entre acteurs : comment combiner plusieurs offres de services, qui peuvent être concurrentes, c'est-à-dire construites autour d'activités identiques ? (Coopération horizontale)
- elles peuvent aussi se penser entre structures développant des offres complémentaires sur un même lieu : comment diverses structures peuvent s'organiser, coopérer ou mutualiser ? (Coopération verticale ou conglomérale)
- les coopérations ou mutualisations impliquent parfois un jeu d'échelles visant à rationaliser l'action poursuivant des objectifs de cohésion sociale ou de développement durable sur des territoires mouvants : comment coopérer pour apporter une réponse pertinente à la bonne échelle géographique ? (Notion de périmètre)

Dans ces propositions, les besoins visés par la coopération peuvent relever de plusieurs typologies de bénéficiaires.

LA COOPERATION AU SERVICE DE L'EMPLOI, ADN DE COORACE

Paradoxes et contradictions : emplois et territoires en question

De nombreuses organisations ont questionné l'emploi comme objet et levier visant à lutter pour l'inclusion, l'insertion, le soutien des personnes dites fragiles et le développement durable. Ce sont en particulier les structures du secteur dit de l'insertion par l'activité économique (IAE).

Des diverses formes de précariat

La fonction de « sas » vers l'emploi durable, initialement pensée comme définition de l'IAE, s'est confrontée à des limites de plus en plus visibles. L'augmentation du chômage de longue durée, l'augmentation des inégalités et la reproduction sociale n'ont cessé d'imposer aux acteurs de l'IAE un positionnement renouvelé : agir pour le retour à l'emploi durable, agir pour l'emploi, agir contre les différentes formes d'exclusion ou de précarité auxquelles sont confrontés de plus en plus de citoyens.

La France traverse, depuis le début des années 1970, une période marquée par une faible croissance, parfois interrompue par de courtes phases de croissance plus prononcées. Un mouvement de désindustrialisation a conduit à la destruction de près de 2,5 millions d'emploi en quelques 45 années, tandis que les métiers dits de services ont fortement progressé[13]. Les besoins de qualification liés à une économie où les savoirs (et notamment les savoirs techniques) sont de plus en plus précis et exigés, favorisent une mise à l'écart de tout un pan de la population. Si le chômage tend à diminuer entre 2016 et 2019, l'enracinement dans la pauvreté n'a cessé de croître au cours des dernières années. Les bénéficiaires du RSA ont augmenté de 700 000 entre 2008 et 2019 alors que les personnes situées dans le halo autour du chômage ont également connu une forte progression[14]. En retour, la question du développement économique des territoires les plus en difficulté interpelle l'IAE dans un contexte où l'innovation, la qualité et la coopération sont parfois freinées par différents facteurs législatifs, réglementaires ou contextuels (relations interpersonnelles ou inter-organisationnelles). En d'autres termes, l'actualité politique et sociale des dernières décennies questionne notre capacité à envisager des alternatives qualitatives et viables au service de la sécurisation des parcours socio-professionnels dans les entreprises et sur les territoires.

En outre, la définition des actions IAE à destination des publics éprouvant des situations de précarité ou de vulnérabilité s'est établie de manière très cloisonnée (publics ciblés selon une définition par durée de chômage, par handicap, *etc.*) sans réelle prise en compte de la diversité des situations individuelles. À titre d'exemple, une personne exerçant une activité de quelques heures par mois en CDI est *a priori* non éligible à l'agrément Pôle Emploi[15] ou au Pass IAE alors qu'un parcours en Structures d'Insertion par l'Activité Économique (SIAE) pourrait avoir un impact non négligeable sur sa trajectoire et lui permettre de sortir de la pauvreté.

Actions et politiques de l'emploi : l'IAE sous tension

Les acteurs de l'emploi se confrontent à plusieurs contradictions. L'institutionnalisation de l'IAE a contribué à faire émerger un nouveau mode de lutte contre le chômage, à côté de l'État, mais dépendant de celui-ci. S'est ainsi instillée une identité de quasi service public, ou d'outil des politiques publiques, avec une attente de réponses homogènes en termes d'emploi en tout lieu et en

---

[13] Bost and Messaoudi, 2017

[14] En 2015, le « halo autour du chômage » rassemble 1,4 million d'inactifs n'étant pas chômeurs au sens du Bureau international du travail (BIT), mais proches du chômage ou de l'emploi. https://www.insee.fr/fr/statistiques/2122738?sommaire=2122750

[15] *Annexe 2, L'Agrément IAE délivré par Pôle Emploi. Accord cadre entre l'Etat, Pôle emploi et les réseaux de l'IAE*, 2015
« L'agrément prévu au V de l'article L. 322-4-16 du code du travail est donné par l'institution mentionnée à l'article L. 5312-1 du code du travail après un diagnostic individuel portant sur la situation sociale et professionnelle du bénéficiaire et au vu de la proposition d'emploi faite par un employeur ayant conclu avec l'Etat une convention au titre des II, III et IV du même article. Peut bénéficier de cet agrément toute personne dont l'embauche par un employeur visé à l'alinéa précédent apparaît, compte tenu de ses difficultés sociales et professionnelles, nécessaire pour permettre son accès ultérieur au marché du travail ». *Décret n°99-106 du 18 février 1999 relatif à l'agrément par l'Agence nationale pour l'emploi des personnes embauchées dans les organismes d'insertion par l'activité économique*, 1999

tout temps. Cette vision, appliquée à l'entreprenariat social, réclamerait aussi bien une obligation de moyens qu'une obligation de résultats à cette catégorie d'acteurs privés quand le principe du « devoir de travailler » et du « droit à l'emploi », affirmé par le préambule de la constitution de 1946, ne semble porter que sur une obligation de moyens du point de vue de l'État[16].

Par son fonctionnement, l'IAE croise les questions de l'emploi, de la formation et de l'accompagnement des publics en situation de précarité. Sur ces différents champs, l'évolution des rapports aux pouvoirs publics est de plus en plus empreinte d'incertitude, installant ainsi l'action des acteurs de l'IAE et de l'emploi dans une instabilité chronique, à l'origine de contextes parfois anxiogènes. Il n'est que d'observer le rythme des réformes de l'IAE pour s'en convaincre : 1998, 2008, 2014, 2019. Quatre réformes structurantes sont dénombrées en moins de 20 ans. À ces réformes s'en adjoignent régulièrement d'autres sur la formation professionnelle, la lutte contre la pauvreté, la politique de la ville, *etc*. Les règles du jeu changent à un rythme soutenu.

Parallèlement, l'émergence des actions d'insertion s'est pensée à travers un accompagnement de l'État par le biais de la subvention. Elle permet de compenser pour partie les pertes de productivités imposées par la loi dans le cadre du fonctionnement des différents types de SIAE. Néanmoins, les logiques de mise en concurrence entre outils d'insertion sur l'activité économique qu'elles développent semblent s'accroître sur de nombreux territoires. Dans le même temps, la diminution des subventions dédiées au fonctionnement des SIAE est ressentie dans certains départements tandis qu'émergent de plus en plus d'appels à projets ponctuels ayant trait à des phénomènes jugés prioritaires sur l'instant. Par exemple, la notion d'invisibilité[17], déjà bien connue des travailleurs sociaux, a récemment fait son apparition dans le champ de l'IAE à travers plusieurs appels à projets. Pourtant, le rôle assigné par l'État à certaines SIAE à travers la reconnaissance d'une fonction d'accueil, mais non soutenue financièrement par les pouvoirs publics[18], est déjà d'assurer une porte ouverte à tous les publics éprouvant une situation socio-professionnelle difficile, y compris ceux non-inscrits à Pôle Emploi ou, plus généralement, les invisibles.

Coorace, 35 années de coopérations au service de l'insertion

Les organisations de l'ESS se sont régulièrement associées à des démarches en réseau, en fédération ou en mouvement. Les Structures d'Insertion par l'Activité Économique sont de celles-ci. Ainsi la Fédération

Coorace ou la Fédération des Acteurs de la Solidarité (FAS) fédèrent chacune plusieurs centaines de structures relevant de tout type de conventionnement IAE, mais aussi de structures à but d'emploi hors conventionnement. D'autres fédérations s'attachant à un outil d'insertion ou à un secteur d'activité particulier peuvent également être citées : Chantier Ecole, Fédération des Entreprises d'Insertion, réseau Cocagne ou encore Tissons la Solidarité, *etc.*

À travers ces initiatives s'organisent des réseaux à différentes échelles territoriales ou thématiques permettant de fluidifier la transmission des informations, d'améliorer la connaissance de chacun sur tout type de

---

[16] *Préambule de la Constitution du 27 octobre 1946*, n.d.
[17] Des appels à projets ont eu lieu en 2019 et ciblaient les publics dits « invisibles », prioritairement les jeunes de 16 à 29 ans en situation de « NEETs », c'est-à-dire sans emploi, ne suivant ni étude ni formation (*not in employment, education or training*)
[18] Alleau et al., 2018, pp. 39–40

problématique (fiscalité, droit social, innovation sociale, développement économique, *etc.*), mais aussi de favoriser les coopérations entre structures localement confrontées à une problématique d'emploi ou d'activité.

Ainsi, la fédération Coorace développe depuis de nombreuses années une approche d'appui et d'accompagnement de ses adhérents sur les enjeux de la coopération. La constitution même du réseau Coorace, lors de la création des Associations Intermédiaires entre 1985 et 1987, en est un bon exemple. En effet, les AI se sont créées localement, grâce aux initiatives citoyennes de personnes physiques ou morales au sein de territoires divers, générant ainsi un premier niveau de coopération interindividuelle locale, au même titre que toute association. Le réseau Coorace nouvellement créé avait ainsi pour ambition de changer l'échelle de ces coopérations territoriales en s'attachant principalement à renforcer l'action de ses adhérents dans la perspective de l'emploi et de la création d'activité. Dans la dernière décennie, Coorace s'est plus spécifiquement focalisée sur certaines approches de coopération. Il s'agit des Groupements Économiques Solidaires (GES), institutionnalisés dans le cadre de la loi RSA et politiques d'insertion du 3 décembre 2008 (article 20)[19]. Il s'agit aussi des Pôles Territoriaux de Coopération Économique (PTCE) institutionnalisés dans le cadre de la loi ESS de 2014 (article 9 notamment)[20].

Politique de l'insertion et coopérations

La coopération dépend de nombreux facteurs relevant de dynamiques interindividuelles ou inter-organisationnelles. Elle est de plus en plus pensée comme un fait politique que l'on pourrait inciter, voire contraindre.

Depuis plusieurs mois, l'État est particulièrement sensible à la question des coopérations entre structures d'un même territoire ou entre structures sises dans des territoires limitrophes. Cette sensibilité est d'autant plus grande que l'évolution du secteur est marquée par des résultats contrastés, notamment pour les structures les plus dépendantes de la conjoncture économique. À l'exception des Ateliers et Chantiers d'Insertion (ACI), en progression de 5 % entre 2012 et 2016, c'est une diminution importante et continue d'Entreprises d'Insertion (EI) de l'ordre de -7 %, une baisse du nombre d'Associations Intermédiaires (AI) résultant bien souvent de fusions absorptions sur la même période (-3 %) ou des modèles économiques assez fragiles avec des taux de rentabilités moyens relativement faibles qui s'observent sur la même période[21]. À l'instar du rapport dit « Borello » ou du rapport de l'IGAS, le changement d'échelles pour les structures de l'IAE est régulièrement rappelé[22]. Pourtant, certaines démarches de coopérations structurantes, telles que les Pôles Territoriaux de Coopération Economique, sont abandonnées par les pouvoirs publics au profit de nouveaux dispositifs comme « French Impact » dans une approche de labellisation de territoires par exemple[23]. D'autres, telles que les GES, si elles ont connu un certain attrait au cours des années 2010-2015 et une reconnaissance légale dès

---

[19] *LOI n° 2008-1249 du 1er décembre 2008 généralisant le revenu de solidarité active et réformant les politiques d'insertion*, n.d.
[20] *LOI n° 2014-856 du 31 juillet 2014 relative à l'économie sociale et solidaire*, 2014
[21] *L'insertion des chômeurs par l'activité économique : une politique à conforter*, 2019, pp. 46–51
[22] Borello and Barfety, 2018 ; *L'insertion des chômeurs par l'activité économique : une politique à conforter*, 2019, pp. 52–53 ; Gosselin and Turan-Pelletier, 2015, pp. 32–36
[23] Lacroix and Slitine, 2019

2008[24], sont faiblement encouragées par les autorités. Enfin, au regard de la taille relativement petite des structures de l'ESS engagées pour l'emploi dans les territoires, se pose également la question de la mutualisation, de la structuration et du management des relations inter-organisationnelles à diverses échelles.

Role et mise en œuvre des coopérations au service de l'insertion et de l'emploi

De la définition de l'ESS ou de l'IAE aux enjeux posés par l'emploi dans les territoires, la notion de coopération apparait sous différentes formes. Posons l'hypothèse, très générale, que l'intérêt à coopérer peut-être plus bénéfique que l'intérêt à ne pas coopérer, ou comme l'exprime Michel Adam :

> « Dans la compétition, si je gagne tu perds ou l'inverse ; dans la coopération (difficile à construire rappelons-le), nous gagnons tous ensemble au prix d'une meilleure prise en compte de l'autre[25]. »

Dans quelle mesure cette hypothèse se vérifie-t-elle dans les organisations œuvrant pour l'emploi ? Plus spécifiquement, quels sont les facteurs permettant d'initier une coopération ? La compétition sur les marchés peut en être une raison. La démarche territoriale au service de l'emploi en est-elle une également ? En existe-t-il d'autres ? et quelles sont les formes de coopération correspondant à ces diverses raisons ?

Quels sont les facteurs et les environnements propices à la coopération ? Il semble que les coopérations soient plus simples à mettre en œuvre dès lors que les risques économiques et sociaux pris par les parties prenantes sont limités[26]. A contrario, des enjeux forts impliquent une certaine prudence. Ainsi, la dimension interindividuelle ou inter-organisationnelle peut être un frein à la coopération (divergences de vues, d'idéologie, relations interpersonnelles compliquées, *etc.*). Néanmoins, dans un contexte de changement global, de compétition, d'accélération des mutations économiques, sociales, juridiques, l'isolement pourrait être de moins en moins envisageable[27]. Ce constat est-il particulièrement sensible dans les organisations de l'ESS ? Nous avons rappelé succinctement les difficultés de l'IAE précédemment : coopérer est-il une réponse à ces difficultés ?

Les coopérations naissent et se développent dans des contextes particuliers. Ainsi, toutes les coopérations ont elles vocation à durer au-delà des constats et enjeux qui présidaient à leur mise en œuvre ? Comment garantir la pérennité des conditions d'une coopération dans un monde où le contexte économique change de manière parfois brutale et le contexte social évolue *a priori* à un rythme moins élevé ? *Quid* du contexte législatif et réglementaire dont les changements interviennent également de manière régulière et brutale ? Comment penser l'interaction entre ces différents facteurs aux différentes temporalités ?

---

[24] *LOI n° 2008-1249 du 1er décembre 2008 généralisant le revenu de solidarité active et réformant les politiques d'insertion*, n.d.
[25] Adam, 2012, p. 36
[26] Girard, 2015, p. 126 ; p. 187
[27] Lefaix-Durand et al., 2006

Enfin, comment se gèrent les coopérations dans le temps ? Et, au-delà des résultats produits par les coopérations, quels sont les conséquences de ces coopérations au sein des organisations qui s'y sont engagées ?

Terrain d'etude et methode

C'est pour bénéficier d'une synthèse sur ces différentes questions que Coorace produit ce rapport. L'objectif est de dresser un bilan sur les coopérations mises en œuvre au sein des organisations engagées pour l'emploi dans les territoires. La démarche s'attache donc à faire le point sur les différentes formes de coopérations visibles au sein des organisations de type SIAE ou ESS dont l'objectif est notamment l'emploi ou l'accompagnement des publics en situation de précarité. Les descriptions méthodologiques sont, chaque fois que possible, mises en perspective à l'aune des résultats qualitatifs et quantitatifs que chaque type de coopération engendre. Ainsi, succès ou échecs sont mis en lumière. Ces succès ou échecs ne doivent pas être entendus comme des jugements sur l'efficacité d'une méthodologie, mais comme les résultats de mises en œuvre de méthodologies dans des contextes spécifiques.

Afin de compléter les données déjà disponibles, Coorace s'est appuyé sur une enquête à portée descriptive. Ce sont 105 entreprises ou groupements qui ont ainsi pu y contribuer par leurs réponses (Figure 1). La distribution spatiale des répondants révèle l'implantation des SIAE adhérentes au réseau ainsi que les densités des SIAE dans les territoires. Par exemple, la diagonale des faibles densités s'illustre par une faible implantation.

Figure 1. Distribution spatiale des organisations participantes à l'enquête

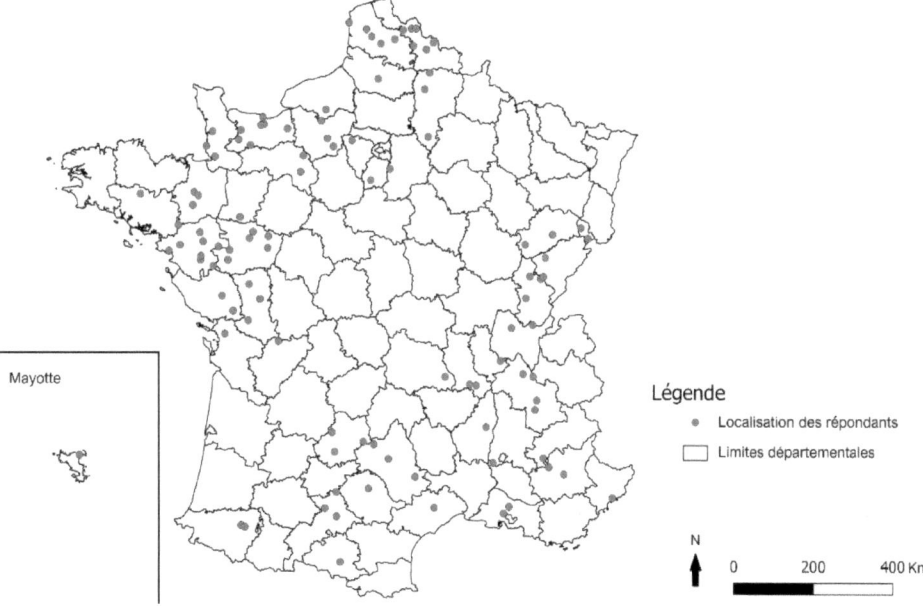

L'enquête a permis de mesurer un certain nombre de tendances, sans permettre d'approfondir certains sujets que nous n'avions pas relevés dans nos hypothèses initiales. Par conséquent, ce rapport sur les coopérations constitue un premier bilan des coopérations portées par les acteurs Coorace dans leurs territoires, quelques dix années après la reconnaissance légale des GES.

Ce rapport est construit autour des trois approches complémentaires *a priori* visibles dans les organisations engagées pour l'emploi. Après un état de l'art sur les coopérations, nous nous attacherons à mesurer les coopérations dialectiques (c'est-à-dire informelles ou d'adhésion), les coopérations fonctionnelles et contractualisées (comme les groupements, les partenariats contractualisés, *etc.*) ou structurelles (c'est-à-dire stratégiques et intégrées : fusions, absorbions, groupes, *etc.*).

CHAPITRE PREMIER – ETAT DE L'ART

Appréhender les coopérations au service de l'emploi des personnes fragilisées constitue le fil conducteur de ce rapport. Après un rapide tour d'horizon sur les tensions et problématiques que porte la coopération appliquée aux champs de l'ESS, de l'IAE et de l'emploi, il est indispensable de définir ce que recouvre la coopération en tant qu'objet en soi.

Coopération, collaboration, mutualisation, entraide, solidarité, association, participation, *etc.* : le champ lexical de la coopération donne à penser une diversité de comportements et d'organisations. La coopération s'enracine dans la terminologie développée par les économistes et le mouvement coopératif de la fin du XIXe siècle :

> « Historiquement, la coopération est associée au mouvement coopératif né au dix-neuvième siècle en Europe et surtout aux coopératives agricoles. Jusqu'aux années 2000, sa connotation reste vieillotte et évoque plus les coopératives qu'un processus interactif dans la théorie du comportement coopératif du politologue Robert Axelrod[28] ».

La coopération peut s'entendre à plusieurs degrés d'intensité. Par exemple, à propos des associations, Colas Amblard rappelle que :

> « La coopération entre associations peut aller de la simple convention de prestation de services de l'une au bénéfice de l'autre à un partenariat plus élaboré ou durable[29] ».

---

[28] Adam, 2012, p. 28
[29] Amblard, 2012, p. 66

Aborder la coopération revient donc à interroger les différentes facettes des relations entre organisations ou entre individus et dont les traductions peuvent prendre des formes très diverses : collaboration, partenariat, alliance, *etc*[30].

COOPÉRATION : MAIS DE QUOI PARLE-T-ON ?

La coopération apparaitrait comme un des éléments constitutifs de tout projet ESS : il s'agit de privilégier la démarche collective plutôt que la démarche individuelle pour mener des actions au service de la cohésion sociale et du développement durable (Introduction, page 9). Quel que soit le modèle (association, coopérative, mutuelle, fondation), ces notions de coopérations entre individus ou organisations au service d'un bien individuel (celui de la personne ou de la structure) et d'un bien commun dans des objectifs collectivement partagés entre individus ou organisations se retrouve systématiquement.

La coopération : définition

Mais que signifie coopérer ? Michel Adam rappelle que « co-opérer » (*cum operari*), c'est « travailler à plusieurs, œuvrer ensemble dans un même but[31] ». Plus précisément, il s'agit :

> [d'] un mode d'action collectif organisé pour atteindre un objectif, au service d'un projet dans un contexte donné. Chacun des acteurs engagés contribue à la réalisation de l'objectif à travers des apports (contributions) et des retombées (rétributions) différentes. D'où l'enjeu du partage de l'objectif, sa signification et son explicitation[32].

La coopération a donc une dimension fonctionnelle, celle du « faire ensemble ». Elle est différente de la notion de mutualisation, à dimension structurelle, celle du « mettre ensemble », comme le rappelle Michel Adam. Si la coopération est dynamique, la mutualisation est plus statique. Dans ce cadre, coopérer n'est pas nécessairement mutualiser, mais mutualiser implique une coopération. C'est d'ailleurs un élément dont tiennent compte les fédérations de l'ESS : « on ne mutualise pas sans coopérer »[33]. En outre le contraire de la coopération – la non-coopération – s'apparenterait à l'indifférence ou la compétition. Mais la compétition ne peut-elle pas engendrer la coopération en retour ?

La coopération appliquée au champ de l'ESS ne serait pas l'apanage des coopératives, mais elle aurait une portée plus élargie. Si l'on considère la définition des associations à but non lucratif, la question de la coopération/mutualisation entre individus dans le respect des principes constitutifs et des principes d'actions proposés par l'ESS apparaît :

> L'association est la convention par laquelle deux ou plusieurs personnes mettent en commun, d'une façon permanente, leurs connaissances ou leur activité dans un but autre que de partager des

---

[30] Semenowicz, 2014, p. 79
[31] Adam, 2012, p. 25
[32] Adam, 2012, p. 28
[33] « La coopération, un levier majeur pour l'émergence d'un nouveau modèle économique, solidaire et durable », document de présentation réalisé par Éric BEASSE et Anne-Claire PIGNAL en 2014

> bénéfices. Elle est régie, quant à sa validité, par les principes généraux du droit applicables aux contrats et obligations[34].

L'association, en tant qu'organisation, induit le principe de la coopération à travers la mise en commun de moyens ou de connaissances dans un but partagé non lucratif, au même titre que les mutuelles ou les fondations.

En conséquence, la question de la coopération ne saurait se focaliser uniquement sur cet espace ouvert par l'ESS. En effet, les coopérations la dépassent. On peut parler de coopérations entre individus au sein d'une même organisation, entre institutions et entreprises ESS, entre entreprises ESS et entreprises privées, *etc*.

Coopérer à la poursuite d'un but

Dès lors, la définition de la coopération est extrêmement large au regard du projet fixé par ce rapport. Aussi le choix est-il fait de resserrer plus spécifiquement l'approche aux interactions économiques et sociales entre organisations. C'est, en substance, la définition des relations inter-organisationnelles proposée par Bernard Forgues, Marc Fréchet et Emmanuel Josserand :

> On peut définir ces relations inter-organisationnelles comme des liens, nourris à la fois socialement et économiquement, entre organisations ; peut-être devrait-on dire entre individus agissant pour le compte de leur organisation. De tels liens supposent donc que se noue un type d'échange qui déborde le cadre de la simple transaction de marché[35].

Ou, comme le propose Xavier Pierre pour définir les coopération inter-organisationnelles territorialisées :

> Un ensemble d'opérations entre des entités structurelles, apparemment autonomes, tendant vers une synchronisation durable des actions de chaque entité, en vue d'atteindre des objectifs stratégiques individuels (propres à chaque entité) et collectifs[36].

Ces auteurs rappellent les impacts fonctionnels recherchés grâce aux coopérations à travers trois axes principaux qui sont :
- Un meilleur accès à certaines ressources ;
- Une réduction de l'incertitude ;
- Un accroissement de sa légitimité[37].

Dans cette définition, la notion d'atteinte d'objectifs communs est essentielle.

Des aptitudes variables à la coopération

Ces éléments de définition ne suffisent cependant pas pour concevoir l'émergence, la structuration et la mise en œuvre d'approches coopérantes. En effet, d'autres éléments doivent être interrogés, notamment les tensions

---
[34] "Loi du 1er juillet 1901 relative au contrat d'association | Legifrance," n.d.
[35] Forgues et al., 2006, pp. 17–18
[36] Pierre, 2010, p. 18
[37] Forgues et al., 2006, p. 19

dialectiques qui y concourent : « entre les besoins d'autonomie et de contrôle du partenaire, de souplesse et de planification », mais aussi et surtout de coopération et de compétition[38].

Dans l'introduction du numéro sur les relations organisationnelles de la revue française de gestion, « conceptualisation, résultats et voies de recherche », Bernard Forgues, Marc Fréchet et Emmanuel Josserand rendent compte de trois dimensions développées par les sciences humaines et sociales et induisant une approche temporelle :

- Les relations entre organisations naissent de la perception de dépendance aux autres dans l'accès à la ressource[39], mais elles sont aussi étroitement déterminées par la connaissance préalable du partenaire[40].
- Le pilotage des coopérations et leur mise en œuvre s'apprivoisent à travers l'analyse des relations entre organisations et leurs structurations.
- Enfin, les conséquences des relations entre organisations sont identifiées dans leurs dimensions positives : « efficience d'allocation, économie de temps, réduction de l'incertitude, *etc.* », mais aussi négative : « une organisation trop enchâssée dans son réseau de relations perd progressivement son autonomie et sa visibilité, ou devient dépendante des autres organisations dans l'accès aux ressources[41].

Toutes ces dimensions semblent également traversées par des tensions « interpersonnelles ». Les règles énoncées dans la théorie du comportement coopératif nous renseignent d'une autre réalité : il n'y a pas de déterminisme en termes de compétition, voire de conflit[42]. Ainsi, comme le rappelle Michel Adam, plusieurs règles sont essentielles pour pouvoir coopérer :

> D'abord la règle de bienveillance : faire confiance a priori à l'autre. Puis en contrepoint la règle de susceptibilité : réagir dès la première défection de l'autre. Puis à nouveau la règle d'indulgence : pas de vengeance inutile, accepter le retour à la coopération, la page est blanche à nouveau (comme ont osé le formuler les articles 1 et 2 de l'Édit de Nantes en 1598). Enfin la règle de transparence : être lisible pour l'autre, ne pas apparaître comme trop malin pour lui. Mais seul l'autre peut le sentir et oser le dire. […] Les valeurs en jeu se nomment : la confiance et ses quatre dimensions […] à explorer et à construire (en soi et en l'autre et réciproquement), le dialogue, la lucidité, la franchise, le courage, la loyauté et l'humilité[43].

Ces règles sont les conditions *sine qua non* de la coopération et répondent à des « aptitudes particulières » : flexibilité, capacité d'adaptation, écoute, ouverture d'esprit, intention positive, comportement favorable, posture démocratique, loyauté au projet (même s'il ne remplit pas toutes les attentes)[44]. Elles sont à mettre en relation avec le développement de la coopération :

---

[38] Forgues et al., 2006, p. 23
[39] Van de Ven and Walker, 1984
[40] Gulati, 1995
[41] Forgues et al., 2006, pp. 24–25
[42] Axelrod et al., 1992
[43] Adam, 2012, p. 31
[44] Girard, 2015, p. 194

Etat de l'art

> « sous certaines conditions, la stratégie coopérative est toujours la meilleure à long terme[45] ».

Derrière ces valeurs ou aptitudes se cache un enjeu capital énoncé par Robert Axelrod. Dans un environnement où les interactions entre deux partenaires sont nombreuses, la stratégie coopération-réciprocité-pardon (ou donnant-donnant) est structurante à tel point qu'elle est la seule à se maintenir sur le long terme. Elle vise à coopérer *a priori*, à s'engager dans une relation réciproque (dans la coopération ou la compétition), et à pardonner pour tendre la main à la coopération si un épisode agressif est survenu. L'expérience basée sur un tournoi informatique entre logiciels autonomes en apporte un éclairant exemple :

> « The tournament approach demonstrates that once a variety of strategies is present, TIT FOR TAT is an extremely robust one. It does well in a wide range of circumstances and gradually displaces all other strategies in a simulation of a great variety of more or less sophisticated decision rules. And if the probability that interaction between two individuals will continue is great enough, then TIT FOR TAT is itself evolutionarily stable. Moreover, its stability is especially secure because it can resist the intrusion of whole clusters of mutant strategies. Thus cooperation based on reciprocity can get started in a predominantly noncoopetative world, can thrive in a variedated environment, and can defend itself once fully established[46] ».

S'appuyant sur la théorie des jeux et le dilemme du prisonnier, l'enseignement de Robert Axelrod questionne l'ESS. D'une part, la stratégie de la coopération-réciprocité-pardon semble s'imposer même dans les environnements les moins coopératifs *a priori*. D'autre part, la coopération-réciprocité-pardon a la capacité de contaminer les stratégies plus agressives puisque ces dernières, perdantes *in fine*, finissent par la rejoindre. En d'autres termes, l'ESS devrait donc être un champ particulièrement intéressant pour analyser les stratégies de coopérations dans des contextes de compétition.

Différents niveaux de coopération

Penser coopération, c'est aussi penser territoire. En effet, les coopérations naissent et se développent à diverses échelles géographiques[47]. La définition du territoire des coopérations est donc variable en fonction des différents facteurs : tensions de l'emploi et du chômage, mobilité des personnes, maillage territorial des organisations porteuses de projets d'emploi et d'accompagnement des personnes en situation de précarité, des entreprises, des institutions, dynamisme économique, *etc*.

Apprivoiser les coopérations territorialisées revient donc à penser un modèle complexe associant plusieurs dimensions qui toutes sont mouvantes dans le temps. Cette dynamique induit une pensée de la coopération comme construction évolutive, jamais acquise *a priori* puisque dépendante :

- D'un contexte territorial,

---

[45] Adam, 2012, p. 37
[46] Axelrod and Hamilton, 1981, pp. 1394–1395
[47] Girard, 2015, pp. 193–194

- Des relations interpersonnelles,
- Des relations organisationnelles,
- De la capacité à s'organiser à l'échelle d'un territoire,
- D'une recherche de gains fonctionnels (économiques, sociaux, politiques),
- *etc.*

Dans ce cadre, l'émergence des coopérations, ou plus spécifiquement les déclencheurs de la coopération, sont en soi un objet de recherche.

HISTORIOGRAPHIE DES COOPERATIONS

Les sciences économiques et de gestion semblent ouvrir une place de plus en plus importante à l'ESS et, plus spécifiquement, aux coopérations au service de l'emploi ou de la lutte contre les précarités. Les travaux s'y intéressant relèvent plus d'un courant hétérodoxe, intégrant des approches et méthodologies essentiellement qualitatives ou des démarches de recherches appliquées[48]. Les coopérations sont souvent interrogées en tant que concept plutôt que problématique.

Les coopérations au service de l'emploi : un objet historique ?

Si cet objet n'est pas nouveau, rares sont les travaux d'historiens à s'y focaliser. Pourtant, et contrairement à ce que l'on peut imaginer, nombre de faits ou modalités de lutte contre la pauvreté et le chômage ont des racines ancrées dans l'histoire française et européenne à tout le moins. À titre d'exemple, citons la prévoyance des corporations, ancêtre des caisses de prévoyance et mutuelles sous l'Ancien Régime[49], ou encore les ateliers de charité. Ces derniers avaient pour rôle, dès le XVIe siècle au moins, de proposer une assistance par le travail en s'appuyant sur des organisations créées lors de conjonctures économiques et frumentaires difficiles. Le travail s'organise alors autour des métiers de la filature, des travaux de voieries ou encore de réfection d'édifices et bâtiments. La contrepartie consiste à proposer un salaire aux ouvriers et journaliers au chômage intégrés dans ces « ateliers », comme le rappelle la thèse de Cyrille Marconi[50].

Cette stratégie a connu de nombreux renouveaux dans l'histoire. La Révolution Française est un temps d'émergence de nouveaux ateliers de charité. Plus tard, afin de soutenir la lutte contre la mendicité, Henry Bardet, maire de Rouen sous la Monarchie de Juillet (1830-1848), en crée dans sa ville tandis que des initiatives favorisent la structuration d'autres ateliers de secours à Paris, annonciateurs des « Ateliers nationaux ». Ces derniers, créés le 27 février 1848 ne connaissent qu'une brève existence de trois mois, condamnés par l'instabilité politique notamment[51].

Comment ne pas voir dans ces ateliers, dont l'action se porte souvent sur l'entretien de biens communs, des similitudes avec la commande publique responsable ou les structures d'insertion par l'activité économique ? Ici, les coopérations entre les différentes organisations s'envisagent à travers le

---

[48] Cécile Le Corroller, 2018, « Une histoire de la recherche en ESS », *Journée de l'Ecole Doctorale Economie-Gestion de Normandie le 6 juin 2018,* Rouen.
[49] Robert, 1981
[50] Conchon, 2011; Marconi, 2012
[51] Marec, 1981, p. 145 ; Pinkney, 1965

financement (fonds prélevés sur la taille, contributions volontaires, *etc.*), la structuration ou l'organisation du travail.

Une période contemporaine coopérative et solidaire ?

C'est au XIXᵉ siècle que se développent les travaux sur les concepts de solidarité et de coopération. Dans le contexte de la Révolution industrielle, les études s'orientent alors sur le « coût social ». Les associations ouvrières se développent et les intellectuels s'orientent vers la construction d'un projet politique, d'un projet de société, en partant de l'analyse des conditions de travail et de vie des ouvriers ou encore leur place dans l'entreprise ou dans la société. Citons notamment les travaux de Robert OWEN, influents sur le plan politique au cours de la première moitié du XIXᵉ siècle, ou encore de Charles FOURIER[52]. La pensée et les initiatives autour des coopérations se structurent au XIXᵉ siècle. En 1921, la *Revue des études coopératives* est fondée par Charles GIDE. Cette revue est notamment le media des premières théories socio-économiques sur les coopérations.

Entre les années 1930 et 1970, d'autres thématiques apparaissent tandis que se poursuivent les travaux précédents. Les études sur la théorie de la firme et les questions de gouvernance émergent. Ainsi, Georges FAUQUET publie en 1935 un article sur « essai sur la place de l'homme dans les institutions coopératives et sur la place de celles-ci dans l'économie ». Il y défend l'idée que les entreprises de l'économie sociale permettent le rassemblement de toutes les petites et moyennes entreprises (économie ménagère, paysanne et artisanale). Quant à la question de la gouvernance, il travaille sur la double qualité : les travailleurs sont aussi des consommateurs dont les enjeux sont contradictoires (ex. gagner le plus alors qu'on veut payer le moins cher). Enfin, les entreprises de l'ESS sont là pour faire émerger des solutions au regard du bien-être, de la liberté, de l'égalité, contre le tout-profit. Ce qui est défendu, c'est l'idée d'une économie plurielle, avec une pluralité de modèles économiques.

Après la seconde guerre mondiale, la notion d'insertion émerge peu à peu et conduit au développement d'ateliers de travail informels, non plus basés sur la notion de charité, mais de solidarité, dont l'objectif visait l'autonomie des personnes. Avec l'apparition des Centres d'Hébergement et de Réadaptation Sociale (CHRS), la volonté de faciliter l'accès au travail dans de nouvelles structures d'insertion émerge. Ces formes s'appuient notamment sur une dynamique de coopération affirmée des salariés dans la vie et l'organisation[53].

Etat des publications sur les coopérations aujourd'hui

Les études sur les coopérations dans le champ de l'ESS se sont fortement développées au cours des dernières décennies. L'évolution de la *Revue des études coopératives*, devenue *Revue des études coopératives, mutualistes et associatives* en 1985, puis RECMA, *Revue internationale de l'économie sociale* en témoigne[54].

---

[52] Robert OWEN est notamment à l'origine de l'émergence de coopératives. Charles FOURIER, philosophe, développe une pensée dont les sociétés coopératives sont héritières (phalanstère : lieu à usage communautaire formé par libre association, notamment).
[53] Eme, 2007
[54] À titre d'exemples, sur le sujet qui retient notre attention dans ce rapport, citons : Amblard, 2012; Defalvard and Fontaine, 2018; Draperi, 2017; Fraisse and Gianfaldoni, 2017

Parallèlement, le *Réseau Inter-universitaire de l'Economie Sociale et Solidaire* (RIUESS) a également contribué, à travers une série de colloques internationaux, à mieux cerner l'objet ESS en même temps que l'objet coopération[55].

Ce développement n'est pas sans lien avec l'évolution du nombre et du poids social et économique des différentes organisations de l'ESS telles que les associations (165 000 associations employeuses en France et 1,8 millions de salariés, soit les ¾ des salariés de l'ESS en France), ou encore les entreprises coopératives (environ 23 000 en France, 1,2 millions de salariés)[56].

Les publications ayant trait aux coopérations sont relativement nombreuses. L'objet n'est pas réservé qu'aux organisations de l'ESS, même si les travaux s'y rapportant l'abordent de manière quasi-systématique à travers les notions de confiance, de réciprocité, de réseau, *etc*. En outre, la question des coopérations a été fortement travaillée par les chercheurs en économie ou gestion. Les coopérations sont une composante centrale de la recherche en management stratégique[57]. Ainsi, depuis une cinquantaine d'années, la question des relations inter-organisationnelles s'est fortement développée dans le champ de la recherche, notamment sur les relations de collaboration et leur management[58]. Comme le rappellent Aurélia Lefaix-Durand, Diane Poulin, Robert Beauregard et Robert Kozak (2006), les évolutions structurelles liées à la mondialisation, aux nouvelles technologies de production d'information ont :

> « mis en exergue l'importance des interconnexions entre organisations. Perçues comme une source de création de valeurs capitales, les relations inter organisationnelles (RIO) sont devenues l'objet d'une attention croissante de la part des chercheurs en gestion et des praticiens (gestionnaires, consultants, *etc*.) »[59]

Dans une autre mesure, les travaux sur la coopération territoriale, notamment dans le cadre des séquences de décentralisation et de déconcentration en France peuvent être cités. Enfin les études sur les relations de coopération entre organisations à but non lucratif et organisations à but lucratif ne sont pas inexistantes, même si les publications réalisées par des auteurs français semblent relativement rares[60].

CONCLUSION : LA COOPERATION A L'EPREUVE DES FAITS

La coopération est un objet d'étude et de recherche a priori. Cet objet, appliqué à l'ESS et développé par ses propres acteurs, bénéficie d'une importante littérature sous forme de manuels ou de guides. Si le rapport sur les coopérations inter associatives produit par France Bénévolat et le Réseau National des Maisons des Associations estime que les données accessibles sont finalement peu nombreuses, tout comme les études sur la question des coopérations entre

---

[55] Hiez and Lavillunière, 2013 ; voyez le compte rendu publié dans la revue RECMA par Jérôme Blanc dans Blanc, 2014
[56] Voyez : https://www.associations.gouv.fr/les-associations-en-france.html et le dossier spécial dans Coop FR, 2018
[57] Geindre, 2005
[58] Di Domenico et al., 2009, p. 887
[59] Lefaix-Durand et al., 2006
[60] Sur cette question des coopération entre organisation à but lucratif et organisations à but non lucratif, voyez notamment l'article de Semenowicz, 2014

associations[61], c'est qu'elles sont rarement un objet central de publication. La question des coopérations s'invite dans une documentation aux problématiques variées ; elle est pensée comme levier d'action, moyen d'atteindre un objectif, *etc.*

À titre d'exemple, les archives de la fédération Coorace foisonnent de documents ayant trait aux coopérations pour l'emploi. Leur portée est conceptuelle et méthodologique à destination de ses adhérents. Citons notamment les travaux menés dans le cadre de la démarche d'innovation sociale VITA, les productions et publications liées aux Groupement Economiques Solidaires ou encore les Pôles Territoriaux de Coopération Économique. Cette littérature est convoquée dans ce rapport en qualité de sources[62].

Enfin, quelques thèses spécifiques sur la question des coopérations au service de l'emploi méritent également d'être mentionnées pour la qualité de la mise en perspective qu'elles proposent[63].

---

[61] France Bénévolat and Réseau National des Maisons des Associations, 2014
[62] À titre d'exemple, voyez : Hanet and Lecluse, 2012a, 2012b, 2012c ; Hanet and Pignal, 2010, 2009
[63] Girard, 2015 ; Semenowicz, 2017

CHAPITRE II : LE TERRAIN DES COOPERATIONS : VALEURS, OBJECTIFS ET LIMITES

Les acteurs de l'ESS se dotent d'organisations complexes à mesure que leurs actions se développent. Réseaux, fédérations, unions ou encore mouvements sont nombreux. Leurs échelles spatiales sont extrêmement variables, du local au national voire à l'international dans le but de faciliter un développement, une structuration, un rayonnement.

La question des relations entre organisations ayant le même cœur de métier est posée. Les échanges sont facilités par une dimension de coopération, se coordonnent selon un principe de « confiance », s'effectuent à l'appui de la structuration du réseau[64]. Mais pour coopérer dans la confiance, faut-il que les valeurs soient proches et les objectifs communs partagés ?

Interrelations entre organisations d'une meme branche

Réseau, fédération, mouvement : une définition malaisée

Définir ce qu'est un réseau, une fédération ou un mouvement n'est pas si aisé. Ainsi, François Fulconis rappelle que :

> « malgré l'abondance des travaux qui, durant les deux dernières décennies, ont accompagné la multiplication rapide des formes relationnelles et des stratégies de coopération, aucun consensus n'a encore vu le jour sur la notion même de réseau, la terminologie utilisée par les auteurs reste relativement floue (Butera, 1991 ; Paché et Paraponaris, 1993 ; Fréry, 1997 ; Pesqueux, 2003)[65]. »

---

[64] Geindre, 2005.
[65] Fulconis, 2011

En outre, ces notions sont souvent polysémiques. Claire Lemercier observe la difficile définition du terme « réseau » :

> « tant il [le réseau] peut renvoyer, selon les interlocuteurs, à des connotations diamétralement opposées : chaleur et archaïsme des économies anciennes, « encastrées » dans le social, ou bien modernité démocratique, flexible ou participative des fonctionnements « en réseau » plutôt que bureaucratiques ? « Réseaux » de résistance plus organisés et orientés vers un but pratique que les « mouvements », ou « réseaux » constituant une version plus informelle des partis ou courants politiques ? À ces ambigüités s'ajoute le fait que, plus trivialement, on parle souvent de « réseau », par un simple effet de mode, là où on aurait parlé, il y a quelques décennies, de « groupe » pour désigner un collectif plus ou moins formellement organisé, une liste d'individus, en somme, dont on présuppose que quelque-chose les lie ou les singularise sans toujours dire bien clairement de quoi il s'agit, sans toujours spécifier le lien qui, en toute rigueur, devrait permettre de définir un réseau[66] ».

Dans la littérature économique, les travaux sur la notion de réseau se sont renforcés dans les années 1990. La définition des coopérations en réseau est évoquée par Emmanuel Josserand en ces termes :

> « Le réseau peut tout d'abord se comprendre comme un groupe, une organisation ou une institution particulière. À ce titre on peut parler d'un réseau d'individus – ou d'un réseau social – d'un réseau d'entités internes à une organisation ou encore de réseaux d'entreprises. La définition du réseau comme forme hybride entre marché et hiérarchie au sens d'O.E. Williamson s'inscrit dans cette perspective. Les réseaux sont alors des institutions particulières du capitalisme et correspondent à un mode de gouvernance associé à des contrats spécifiques.
>
> Une seconde définition, qui est celle que nous retiendrons, est celle du réseau comme logique d'organisation. Il s'agit alors de considérer davantage l'interaction sociale, la façon dont les acteurs vivent l'échange, plutôt que la spécificité du cadre institutionnel sous-tendant cet échange. Cette perspective implique que l'on accepte qu'il n'existe pas de formes économiques « pures », mais plutôt une hybridation généralisée des logiques d'organisation (Zenger, 2002)[67]. »

Et de rappeler :

> « le réseau est bien la trame de deux processus-clés des capacités dynamiques – la reconfiguration des ressources et l'apprentissage. Cette trame, conformément aux propriétés du réseau et aux exigences des capacités dynamiques, est polymorphe et multiniveaux, elle crée des connexions inattendues entre «individus,

---

[66] Lemercier, 2010
[67] Josserand, 2007, p. 96

> groupes entités, organisations, agrégats d'organisations et les ressources et compétences qui leur sont associées[68] ».

Dans un environnement mouvant, la fonction du réseau réside à la fois dans sa capacité à partager des ressources ou à les renouveler en termes d'activités, de marchés, *etc*. Elle tient également à sa capacité à transmettre les savoirs à l'intérieur, c'est-à-dire permettre à chaque membre du réseau de s'adapter, d'évoluer, et à l'extérieur afin de favoriser les dynamiques de coopérations entre réseaux, de communiquer, de plaider, *etc*. Cette question peut s'appliquer aussi bien à l'insertion, tant du point de vue de l'accompagnement que du point de vue de l'activité support de l'insertion.

En ce sens, le réseau diffère du mouvement ou de la fédération. Pour l'un, l'action pose une dimension politique et sociale différente de celle de partage de ressource et d'apprentissage telle que vue à travers la notion de réseau. Pour l'autre, l'action vise la représentation des intérêts des entités qui se fédèrent.

Le socle d'une organisation représentative des acteurs solidaires pour l'emploi : une solidarité d'adhérent à adhérent

Rares sont les réseaux à n'être que des réseaux et les fédérations à n'être que des fédérations. Le partage de valeurs et d'une dimension politique favorise les coopérations visant à partager ou défendre une ressource, un marché, un savoir. La vitalité et le dynamisme de ces échanges pourrait bien donner sa force au groupe. C'est du moins une hypothèse.

L'enquête réalisée pour ce rapport est révélatrice. À la question à choix multiples « avez-vous déjà bénéficié de l'une des dispositions suivantes ? », les adhérents Coorace ont plus échangé entre-eux et bénéficié de savoirs et de connaissances partagées, de structure adhérente à structure adhérente, que des savoirs capitalisés et diffusés dans le cadre d'essaimages nationaux (Tableau 1). Bien sûr, tous les objets ne peuvent pas être mis au même plan. Les essaimages visant les méthodes d'accompagnement des personnes ou le développement économique concernent souvent des dispositifs complexes. Ils nécessitent une adaptation de l'organisation qui souhaite les développer et les porter en son sein, ainsi qu'une coopération avec d'autres structures impliquées dans le même dispositif sur la durée. D'ailleurs, l'appui entre organisations du réseau pour la création d'une nouvelle activité en témoigne : il est beaucoup plus faible car beaucoup plus exigeant. Cela est donc très différent d'un simple échange d'informations techniques visant l'utilisation d'une plateforme de données en ligne ou d'un logiciel. Le partage de valeurs en réseau contribue aux transferts de savoirs ou, pour le dire autrement, « aux coups de mains » entre organisations d'un même territoire. Ce sont là les signes de la confiance réciproque entre organisations. À ce titre, l'exemple de Coorace est intéressant puisque, fédération et réseau généraliste, il associe des organisations de type SIAE, mais également des services d'aide à domicile (Proxim'Services), des organismes de formation et bien d'autres entreprises de l'ESS aux formes juridiques diversifiées. La capacité de mise en relation à travers un tel réseau d'organisations et de structures hétérogènes s'appuie naturellement sur des valeurs suffisamment fortes pour en

---

[68] Josserand, 2007, p. 96

être le ciment, au même titre que les relations interpersonnelles, dont le rôle ne doit pas être négligé dans l'aide que s'accordent les adhérents réciproquement.

Tableau 1. Vitalité des transferts de savoirs au sein du réseau Coorace

Avez-vous déjà bénéficié de l'une des dispositions suivantes ?

Aide, appui technique ou méthodologique apporté par une autre SIAE	45 %
Essaimage d'une initiative promue par Coorace (voyez notamment Nos Territoires ont de l'Avenir)	4 %
Zest	23 %
Aide à la création d'une nouvelle activité par une autre structure ayant déjà développé un modèle économique et une organisation autour de cette activité	11 %
Parcours Gardiens	7 %
Vita Air	10 %

C'est d'ailleurs un trait commun, que nous n'avons pu que constater lors de nos déplacements dans les territoires. Par exemple, lors de l'Assemblée Générale Coorace Bretagne, à l'occasion d'un débat sur les coopérations, le consensus s'est vite installé entre les adhérents :

« Les coopérations se font quand la confiance existe ».

Et d'ajouter qu'elle existe aussi quand :

« on est en bonne santé ».

Le terrain des valeurs constitue le socle des coopérations entre organisations dont l'objet est la création d'emploi et l'aide au retour à l'emploi. Néanmoins, la notion de « bonne santé » pose le postulat suivant : une organisation qui va mal coopère plus difficilement. Les accompagnateurs des DLA[69] le savent bien : les organisations qui éprouvent des difficultés communiquent généralement peu et sollicitent une aide extérieure souvent tardive. Si ce constat est généralement partagé, nous n'avons pas pu l'éprouver dans le cadre de cette enquête. Il n'en demeure pas moins que les coopérations courtes et ponctuelles semblent plus faciles à initier que les coopérations sur la durée.

DE LA COOPERATION COMME MOYEN A LA COOPERATION COMME OBJET

Au sein d'une fédération-réseau, la relation entre organisations se développe à différentes échelles : relations de structure adhérente à structure adhérente, relation entre la fédération et la structure adhérente, relation entre la fédération et les institutions, *etc*. Par-delà les valeurs, fondamentales pour initier une coopération, quelles sont les motivations concrètes des structures dont l'objectif est l'insertion de publics précarisés ?

---

[69] Dispositif local d'accompagnement.

Les motivations des structures actrices de Coorace

Sans surprise, le développement des opportunités d'emploi pour les personnes accompagnées constitue le point commun à l'ensemble des personnes interrogées dans le cadre de l'enquête nationale sur les coopérations. Plus d'un quart des personnes considèrent que c'est une motivation principale à toute démarche de coopération. Dans une moindre mesure, le développement de l'activité est également jugé prioritaire par plus de 22 % des sondés. Ces deux notions renvoient à une même réalité : développer les opportunités d'emploi passe nécessairement par le développement d'activités et inversement. Le distinguo qui s'opère trahit un postulat idéologique dans la recherche de coopération. Dans un cas, c'est pour créer de l'emploi que l'on développe, dans l'autre, c'est pour développer l'activité qu'on emploie.

D'autres motivations sont également mentionnées comme prioritaires. C'est le cas de la recherche d'amélioration de l'accompagnement social et professionnel pour près de 17 % des personnes interrogées. La notion de création d'emplois et de développement d'activités est, dans une certaine mesure, annexe, au profit d'une approche de l'accompagnement des publics victimes de la pauvreté et du précariat par des mesures sociales complémentaires à l'activité économique : accès aux droits, à l'hébergement, à la mobilité, citoyenneté, parentalité, *etc*.

Le temps de l'émergence : Penser l'emploi à travers le territoire (VITA)

L'objectif d'emploi ou d'accès à l'emploi, est partagé par l'ensemble des adhérents Coorace. La démarche d'accompagnement social et professionnel des personnes éloignées de l'emploi, couplée à la stratégie de formation et la mise en situation professionnelle constituent les piliers techniques des organisations partageant les valeurs de l'insertion. S'ils ne tiennent pas compte du territoire, alors leurs effets peuvent être limités. De ce constat est née la démarche VITA :

> « Les entreprises conventionnées IAE comptent aussi sur leur capacité à contribuer au développement des territoires, au service de l'emploi. C'est parce que les acteurs de l'IAE sont à la croisée de l'économique et du social qu'ils travaillent avec les élus, autres employeurs, services sociaux, services publics de l'emploi, *etc*. Ce positionnement est exigeant, parfois épuisant en raison de l'énergie que cela représente, mais c'est surtout un positionnement stratégique pour prendre des initiatives partenariales de développement solidaires[70] ».

Valoriser l'Intégration dans les Territoires par la coopération d'Acteurs (VITA) part donc d'un objectif visant à :

> « renforcer le positionnement des SIAE comme forces motrices de nouvelles dynamiques territoriales pour un développement solidaire et responsable des territoires en faveur de l'emploi ».

En d'autres termes, il s'agit de dépasser la seule dimension d'insertion pour devenir acteur et moteur de l'emploi. L'engagement est politique pour les personnes et les territoires, tout autant que technique, puisqu'il induit des outils, des méthodes et donc des pratiques spécifiques et adaptables. Forts de ce

---
[70] Hanet and Pignal, 2009, p. 1

constat, les travaux se sont engagés dans un processus d'expérimentation de mai 2005 à avril 2008[71]. Il s'agissait de repérer les besoins des acteurs de l'emploi, leurs idées et leurs actions pour mieux capitaliser en réseau. Si chaque acteur de l'emploi s'insère dans un environnement qui lui est propre, les besoins singuliers de son territoire et l'organisation des acteurs qui travaillent en coopération ou non avec lui sont autant de richesses à interroger. En d'autres termes : les coopérations qui s'instillent localement peuvent à elles seules faire émerger de nouvelles manières de penser ou de faire. Plus encore, elles peuvent donner des pistes de travail sur d'autres territoires. Le mécanisme est assez proche de celui observé par Bérangère Szostak-Tapon, dans son étude sur les agences de design. Elle rappelle la grande variabilité des avantages conférés par les coopérations selon les différents types de partenaires qu'elles associent. Ainsi, les relations inter-organisationnelles avec les institutions ou les professionnels semblent avoir un impact sur la performance et la créativité[72].

Faire en sorte qu'une action qui fonctionne en un lieu puisse être reproduite en s'adaptant à un nouvel environnement dans un autre lieu. La démarche répond à l'un des enjeux de l'innovation sociale, notamment dans sa dimension d'essaimage[73]. Sur base des expérimentations et actions identifiées, un travail d'inventaire a pu être réalisé puis communiqué à tous, ainsi qu'un premier guide méthodologique. Dans ce document, des outils de diagnostic sont mis à disposition :

- L'analyse du profil stratégique de la structure ;
- L'arbre de services avant et avec le projet ;
- Le système d'acteurs actuel et potentiel.

Des conseils et pistes de réflexion sur la conduite de projet étaient également explicités. Le cœur de cette réflexion globale portée par VITA est à chercher du côté du territoire, de la place de l'entreprise actrice pour l'emploi dans son environnement territorial constitué de citoyens, d'institutions et d'entreprises. En d'autres termes, le territoire implique la coopération dès lors qu'il est question d'emploi. Si cette idée semble évidente, elle est rappelée comme un *leitmotiv*.

Le temps de la stratégie : agir sur le territoire pour l'emploi (DTS)

Cette première démarche de mobilisation des entreprises sociales et solidaires intervient dans un contexte favorable (diminution du chômage, baisse des inégalités). La publication du guide a lieu quelques mois après la crise financière et économique de 2008. Le taux de chômage connaît alors son plus bas niveau depuis 1984 (7,5 %), mais le nombre de personnes en situation de pauvreté ou de précarité n'a cessé d'augmenter au cours de la décennie.

Après le choc de la crise de l'automne 2008 et le retour d'un chômage de plus en plus important, les principes énoncés par VITA sont réinterrogés. La vulnérabilité des personnes et des entreprises, mais aussi de l'environnement,

---

[71] Le projet VITA a fait l'objet de travaux soutenus par la DGEFP et le FSE, en partenariat avec d'autres organisations de l'ESS et de l'IAE entre 2005 et 2008.
[72] Szostak, 2006, p. 128
[73] Selon le Conseil supérieur de l'économie sociale et solidaire, « l'innovation sociale consiste à élaborer des réponses nouvelles à des besoins sociaux nouveaux ou mal satisfaits dans les conditions actuelles du marché et des politiques sociales, en impliquant la participation et la coopération des acteurs concernés, notamment des utilisateurs et usagers. Ces innovations concernent aussi bien le produit ou service, que le mode d'organisation, de distribution, (…). Elles passent par un processus en plusieurs démarches : émergence, expérimentation, diffusion, évaluation. ». *Innovation sociale : de quoi parle-t-on ?* Avise.org, n.d.

amène les adhérents acteurs de VITA à reformuler l'enjeu de manière plus directe :

> « Dans le contexte actuel d'aggravation des déséquilibres économiques, sociaux et environnementaux, les entreprises peuvent influer sur les mutations en cours et peuvent même devenir les acteurs clefs d'un renouveau économique[74] ».

La démarche prospective, a permis de développer et d'éprouver des éléments méthodologiques. Ainsi, trois ateliers ont été créés afin de renforcer cette démarche :
- le premier concerne le développement d'activités et de services créateurs d'emplois et de solidarité ;
- le second relève des alliances stratégiques public/privé en faveur de l'emploi et du développement durable ;
- le troisième concerne la gestion prévisionnelle des emplois et compétences à l'échelle du territoire, autrement nommée « Gestion territoriale et solidaire des emplois et compétences »[75].

Chacun de ces sujets est étroitement dépendant d'une dynamique de coopération inscrite localement. Pour la première, elle implique la création ou la reprise d'activités et la place de cette nouvelle activité au sein de la structure existante (logique d'ensemblier, de groupement ou de groupe, Chapitre V). La deuxième et la troisième s'appuient sur des logiques de coopérations à l'appui de conventions de partenariats ou de définitions de marchés (Chapitre IV).

Pareils travaux aboutissent à la définition d'un notionnaire commun et partagé avec l'ensemble des participants aux travaux VITA. Ce notionnaire permet de qualifier précisément l'identité et les stratégies des SIAE dans le contexte du début des années 2010 et de définir trois missions ou objectifs clés :
- Création d'activités et contribution au développement économique – ou comment penser l'ancrage territorial de l'action d'insertion et d'emploi ainsi que ses apports économiques et sociaux ;
- Sécurisation des parcours socio-professionnels – ou comment s'adapter à une mobilité professionnelle grandissante, à des situations de précarités de plus en plus nombreuses et à une amélioration de la qualité de l'emploi ;
- Animation du territoire – ou comment les acteurs de l'emploi peuvent jouer un rôle d'interface entre toutes les parties prenantes d'un territoire dans une démarche de solidarité, d'emploi, de développement économique et durable.

Cette dernière mission est étroitement liée aux deux précédentes. Pour animer le territoire, il est nécessaire d'assumer une position d'interface et de facilitation parmi les acteurs d'un territoire. L'approche de coopération de la structure avec les autres, son changement de posture, renforce sa capacité d'action au profit de la création d'activités à destination des publics précarisés. Pour y parvenir, huit principes d'actions sont énoncés :

---

[74] Hanet and Pignal, 2010
[75] Hanet and Pignal, 2010, pp. 3–7

- Coopération – dépasser le modèle concurrentiel, penser les niveaux de coopération et développer une vision partagée pour renforcer son action pour l'emploi et la lutte contre les précarités ;
- Co-construction – associer l'ensemble des parties prenantes d'un territoire dans une démarche collective (les parties prenantes internes telles que les salariés et les administrateurs, mais aussi les parties prenantes externes telles que les collectivités, institutionnels, entreprises, citoyens, *etc.*) ;
- Transversalité – penser la personne et le territoire dans un système complexe et articuler initiatives, finalités et acteurs au service des personnes les plus fragilisées ;
- Décloisonnement – développer des actions ouvertes au plus grand nombre et favoriser les relations entre groupes sociaux différents dans une portée de cohésion sociale ;
- Vision stratégique – partager un diagnostic et une vision pour développer une offre de service répondant aux besoins reconnus par l'ensemble des acteurs du territoire ;
- Prospective – favoriser l'expérimentation et donc l'innovation, l'évaluer et la partager avec le plus grand nombre ;
- Représentation des salariés – assurer la représentation de tous les salariés et renforcer les droits des personnes en situation de précarité ;
- Participation des salariés – associer les salariés à la vie de l'entreprise et promouvoir une participation citoyenne sur le territoire.

Ces éléments forment le socle commun de la démarche. Tous sont traversés par le concept de coopération. Le guide DTS complète le précédent guide publié en 2009. Ainsi, des compléments méthodologiques sont présentés et des fiches de recueil d'expériences sont produites dans la dernière partie. Ces fiches ont parfois fait l'objet d'un dispositif d'accompagnement spécifique pour lequel l'Agence Nouvelle des Solidarités Actives (ANSA) s'est impliquée. On y retrouve par exemple les racines de plusieurs démarches ou méthodes analysées dans ce rapport : Évaluation de l'Utilité Sociale Territoriale (EUST), VITA Air, Parcours Gardiens, Zest, *etc.* (Chapitre IV)

Pour aboutir à ce résultat, la méthode de production des contenus s'est avérée essentielle. La mise en œuvre de DTS faisait le choix de

> « l'expérience de terrain comme ressource vivante, les besoins concrets des acteurs du développement et de l'insertion ainsi que l'ancrage territorial »[76].

En d'autres termes, le pari de DTS est celui du terrain, de la confrontation au quotidien de la structure dans l'objectif de créer des opportunités d'emplois localement.

Les démarches VITA et DTS, en associant les acteurs en réseau au sein de Coorace, ont permis d'identifier les leviers et principes d'actions communs à chaque projet développé par les participants au sein de leurs territoires respectifs. Les travaux qui se sont poursuivis sur une décennie ont apporté de nombreux exemples de vitalité des coopérations entre acteurs d'un même réseau et entre acteurs au sein d'un même territoire. En d'autres termes, l'analyse des projets

---

[76] Introduction, p.2

développés dans les territoires par les participants a abondamment illustré l'importance de la notion de coopération. Qu'il s'agisse d'associer les acteurs d'un territoire ou de l'entreprise, de favoriser le partage des savoirs et des innovations, c'est une condition de réussite.

DE LA COOPERATION A LA CONCURRENCE

Freins à la coopération

À l'échelle d'un territoire, les comportements sont extrêmement variés, allant de la coopération à l'individualisme, de la pro-action à l'opportunisme. Si l'ancrage territorial et la proximité ont un lien étroit avec

> « la probabilité d'apparition d'une relation ou celle du renforcement ou de l'affaiblissement d'une relation existante[77] »

ils ne garantissent pas la faisabilité d'une relation entre organisations, ni le succès d'une coopération. Tout projet de coopération vise donc à satisfaire un certain nombre de motivations dans le cadre de valeurs partagées. Néanmoins, avoir des valeurs communes et des motivations proches ne suffit parfois pas à développer un projet en coopération. Parmi les freins identifiés par l'enquête, les relations interpersonnelles sont le plus évoquées (42 %). Les Ensembliers et GES lui prêtent une importance proportionnellement plus forte que les structures développant une activité unique. Est-ce là le signe qu'une activité unique est plus dépendante de sa capacité à coopérer ? En d'autres termes, le système de sélection des acteurs avec lesquels coopérer pourrait être plus affirmé au sein des Ensembliers et des GES, preuve d'une liberté de choix accrue. Si l'enquête ne permet pas de l'expliquer, peut-on y voir le signe d'une plus grande expérience des coopérations au sein des Ensembliers et des GES ? Cette expérience favoriserait alors la recherche de performance et d'efficience :

> « tirer le meilleur parti des relations inter-organisationnelles impose de choisir soigneusement ses partenaires[78] ».

Indépendamment de la volonté interindividuelle à coopérer, les personnes interrogées rappellent également la difficulté d'installer une coopération inter-organisationnelle pour des raisons plus structurelles. Ainsi, 20 % des répondants indiquent que l'absence de volonté des administrateurs ou des équipes constitue un frein important. Il en est de même pour l'absence de relations réciproques. Près de 23 % des répondants considèrent que les différences d'investissement en termes de temps peuvent gêner la coopération.

L'enquête révèle aussi l'importance de cette dernière notion. Le temps de travail dédié à la coopération constitue un frein pour près de 42 % des sondés (près de 50 % pour les structures ne s'appuyant que sur une seule activité). Si cela semble évident, il est à souligner que les GES sont moins dépendants que les autres organisations (13 %). La structuration des GES étant basée sur une maîtrise des coopérations entre organisations au sein d'une même structure, l'expérience et

---

[77] Pecqueur and Zimmermann, 2004, p. 20
[78] Forgues et al., 2006, p. 21

la capacité à coopérer contribuent vraisemblablement à sacraliser l'investissement qu'implique toute coopération en termes de temps de travail.

Tableau 2. Les freins à la coopération

Quels freins sont les plus importants à la coopération ?	Ensemblier	Groupement Economique Solidaire (GES)	Structure avec un seul conventionnement ou activité	Total général
Les relations interpersonnelles sont complexes	**39,4%**	**80,0%**	**33,3%**	**41,9%**
Les différentes parties prenantes ne partagent pas les mêmes valeurs	**33,3%**	**26,7%**	**29,8%**	**30,5%**
l'absence de volonté à coopérer des administrateurs	**15,2%**	**26,7%**	**21,1%**	**20,0%**
L'absence de volonté à coopérer des équipes	**27,3%**	**20,0%**	**14,0%**	**19,0%**
L'inégalité d'investissement en termes de temps des différents partenaires	**27,3%**	**26,7%**	**19,3%**	**22,9%**
L'investissement en termes de temps de travail pour développer puis animer	**42,4%**	**13,3%**	**49,1%**	**41,9%**
l'Investissement financier nécessaire	**18,2%**	**6,7%**	**12,3%**	**13,3%**
La méconnaissance ou les doutes sur l'un des partenaires	**15,2%**	**6,7%**	**14,0%**	**13,3%**
Les incohérences juridiques et fiscales susceptibles de déstabiliser votre structure	**24,2%**	**20,0%**	**12,3%**	**17,1%**
Autre	3,0%	6,7%	8,8%	6,7%
Sans réponse	3,0%	0,0%	10,5%	6,7%
Total général	**100,0%**	**100,0%**	**100,0%**	**100,0%**

Enfin, dans une moindre mesure, la question financière est minoritairement vécue comme un frein. Est-ce à dire que les opportunités de soutien partiels permis par les aides telles que le Fonds Social Européen (FSE) ou le Fond Départemental de l'Insertion (FDI) et d'autres sont suffisamment conséquentes pour ne pas bloquer les coopérations ? Elle reste cependant prioritaire et/ou à aborder rapidement dans l'élaboration d'une coopération entre organisations pour plus d'un sondé sur deux. Cette dimension est particulièrement sensible pour plus de 60 % des ensembliers et GES, moindre pour les structures développant une activité unique (42 %). Les aspects financiers sont donc vus avec une importance indéniable. La notion de risque est régulièrement mentionnée :

> « c'est un sujet important pour les parties, il serait hypocrite de ne pas le considérer comme tel. Il est essentiel que la prise de risque soit mesurée et équilibrée[79] ».

Ainsi, rares sont les personnes enquêtées qui envisagent les aspects financiers d'une coopération de manière non prioritaire (16 % environ). L'écrasante majorité considère qu'une fois posées les valeurs et finalités de la coopération, la dimension financière est « essentielle » et incontournable ». Notons toutefois que près de 20 % des structures sondées se sont abstenues de répondre à cette question pour laquelle la rédaction était libre.

---

[79] Enquête sur les coopération, Coorace, 2019

Quand la concurrence freine la coopération

Au-delà de la coopération, c'est la concurrence qui apparaît. Si nous n'ignorions pas ce sujet, les réponses inscrites par les enquêtés ont mis le doigt sur un phénomène de compétition entre SIAE au sein d'un même territoire.

Afin d'en rendre compte, plusieurs entretiens ont pu être réalisés. Dans les grandes agglomérations et, dans une moindre mesure, au sein de quelques territoires intermédiaires, plusieurs structures d'insertion par l'activité économique coexistent. Ces structures œuvrent sur des secteurs d'activités parfois proches, voire similaires. Le rapport de la DARES rappelle ainsi que 50 % des salariés d'AI et d'EI sont positionnés sur les métiers des services à la personne et à la collectivité, de même que 40 % des salariés en ETTI exercent des métiers du bâtiment et travaux publics[80]. Ces surreprésentations contribuent donc à générer des tensions en termes de concurrence.

Dans ce contexte, certains marchés, y compris des marchés réservés ou ceux pour lesquels des clauses sociales existent, sont le théâtre d'une concurrence en développement. Dès lors, la compétition tire la tarification des services vers le bas, nuisant par la même à la qualité des parcours. En effet, une tarification trop faible diminue les moyens disponibles pour soutenir les parcours des publics, que ce soit en termes de temps disponible pour l'accompagnement ou encore de formation. En outre, la concurrence entre plusieurs SIAE d'un même territoire pour l'obtention d'un marché peut conduire à des fins malheureuses, comme la suppression de postes en IAE[81]. Cette situation est le résultat d'arbitrages réalisés par le marché uniquement, sans intervention institutionnelle. Par conséquent, les externalités d'une compétition qui pourrait être saine en termes de tarification se font sentir sur les premières personnes bénéficiaires de ces opportunités d'activités : les personnes accompagnées.

Cette réalité est difficilement perceptible de prime abord, comme le rappelle Stephen Girard :

> La concurrence entre acteurs impliqués dans le dispositif d'IAE est une entrave importante au processus de rapprochement inter-organisationnel. Elle est présente à tous les niveaux, d'une intensité souvent forte, et même endémique au sein de l'Inter-Réseaux. Tous les entretiens qualitatifs que nous avons conduits ont démontré, à un moment ou à un autre, la pertinence de ce facteur explicatif dans la faible réalité coopérative des structures. Les enjeux socio-économiques territoriaux sont vitaux pour les organisations, ce qui crée une pression concurrentielle peu propice aux coopérations inter-organisationnelles territorialisées[82].

Après ces constats, réalisés lors du récolement des données, en septembre 2019, nous avons-nous même été pris à partie lors d'une discussion institutionnelle par un entrepreneur du secteur marchand, non conventionné IAE. À la barre des accusés, les Chantiers d'Insertion et les Entreprises à But d'Emploi, accusées de profiter de leur position d'utilité sociale pour mener une concurrence perçue comme déloyale à l'égard du secteur marchand traditionnel. L'argumentaire de cette personne s'appuyait sur une opposition frontale entre un positionnement

---

[80] DARES, 2019
[81] Girard, 2015, p. 124
[82] Girard, 2015, p. 218

d'administrateur d'un fonds de dotation et le positionnement des réseaux de l'ESS.

- L'utilisation de valeurs propres à l'IAE et plus largement à l'ESS, offre une lecture dichotomique du monde entrepreneurial : d'un côté, il y aurait le camp de la vertu, drapé dans des valeurs de partage, d'échange, de lutte contre les inégalités ; de l'autre, il y aurait le camp de l'immoralité. Chacun des deux camps s'accuse mutuellement de diaboliser l'autre et contribue à accroître les divergences d'opinion.
- L'utilisation de la réglementation des marchés publics, à travers la commande publique responsable, serait selon lui un abus générant une distorsion de concurrence dans l'accès aux marchés.
- Enfin, la notion même d'IAE serait un abus de langage puisque c'est le propre de toute entreprise en développement que de salarier de nouvelles personnes et de les accompagner professionnellement à travers la vie de l'entreprise.

En d'autres termes, l'IAE priverait de certains marchés les entreprises marchandes, décrédibiliserait, par de discours, l'entrepreneuriat marchand et, pire que tout, abuserait de l'argent public pour remplir une mission que les entreprises privées et lucratives remplissent déjà.

Résumé ainsi, le propos traduit des représentations et des réalités construites au fil du temps. Nous pourrions, sur ces mêmes accusations, renverser l'approche en se plaçant du côté des organisations de l'ESS qui expriment assez souvent une certaine réticence à l'égard de l'entreprise lucrative. À propos des relations entre associations et entreprises capitalistes au sujet du mécénat, Pierre Fourel rappelle justement :

> « Au premier abord, il est difficile de voir ce qui peut motiver une entreprise, dont le moteur principal reste la recherche du profit, à soutenir un projet d'intérêt général. Il est donc tentant pour les associations de ne voir dans les pratiques de mécénat qu'une opération de communication destinée à donner une bonne image de l'entreprise. Cette motivation n'est bien sûr jamais absente, mais les motifs d'un soutien par le mécénat sont malgré tout plus étendus que ce simple intérêt »[83].

Il n'en demeure pas moins que la notion de concurrence entre organisations de l'ESS, et plus spécifiquement de l'IAE, avec les entreprises traditionnelles existe. Par exemple, la clause dite de non-concurrence privait l'accès aux AI des activités déjà existantes sur leur territoire jusqu'à ce que la loi n°98-657 du 29 juillet 1998 et le décret n°99-109 du 19 février 1999[84] ne la supprime. Il en est de même pour les ACI par exemple, dont :

> « les activités peuvent s'exercer dans l'ensemble des secteurs d'activité dès lors que les avantages et aides octroyés par l'État ne créent pas de distorsion de concurrence et que les emplois ainsi

---

[83] Fourel, 2010, p. 12
[84] *Décret n°99-109 du 18 février 1999 relatif aux associations intermédiaires*, 1999 ; *Loi n° 98-657 du 29 juillet 1998 d'orientation relative à la lutte contre les exclusions*, n.d.

> créés ne se substituent pas à des emplois privés ou publics existants[85]. »

Pour l'AI comme pour l'ACI ou toute autre SIAE, la poursuite de l'utilité sociale, à travers l'accueil, l'accompagnement, la formation et la mise en situation de travail, est essentielle. En outre, la pratique de tarifs au niveau du marché ne génère pas de distorsion de concurrence, mais inscrit nécessairement ces SIAE dans une tension concurrentielle. Les passes d'armes ne sont rien d'autre qu'un témoignage d'une concurrence de fait.

En outre, l'émergence des EBE confronte à une question récurrente au sujet de la concurrence (voyez p. 87 et suivantes). L'absence d'implantation d'une activité sur un territoire visé par l'EBE garantie-t-elle une absence totale de concurrence ? Le rayonnement commercial d'une activité ou la distribution géographique de la clientèle se définissent par des territoires qui ignorent tous des découpages classiques qui favorisent nos raisonnements (bassin de vie, bassin économique, EPCI, *etc.*).

CONCLUSION

Les organisations de l'ESS, et plus spécifiquement de l'IAE, ont contribué à l'émergence de réseaux et de fédérations. Ce mouvement, fruit de valeurs et d'ambitions partagées, facilite les coopérations entre organisations. Le partage de savoirs et d'informations semble être le terrain propice aux innovations sociales. Pourtant, des formes de compétitions sont parfois visibles et génèrent parfois du conflit. Les débats explicités plus haut, certes anodins, sont exacerbés par les valeurs en tensions chaque fois qu'est abordée la question de la lutte contre les précarités. En d'autres termes, les valeurs qui rassemblent peuvent aussi éloigner et ces mouvements ne sont jamais étrangers aux idées reçues, nombreuses et difficiles à identifier.

Le *Dictionnaire des idées reçues* de Flaubert, pendant de *Bouvard et Pécuchet*, pourrait s'actualiser de nouvelles entrées aux côtés du mot « pauvres : s'en occuper tient lieu de toutes les vertus ». Quid des jeunes ? « Les jeunes d'aujourd'hui ne veulent plus travailler ! » Quid des entreprises ? « Les entreprises se méfient des chômeurs (et réciproquement) ! » Quid des organisations de l'ESS ? « L'ESS, ce ne sont pas de vrais emplois, ce n'est pas la vraie économie », *etc*[86]. La responsabilité de ces images est collective. L'une des pistes pour les dépasser réside dans la capacité à entretenir une relation réciproque avec chacun. En d'autres termes, il s'agit soit de donner lecture de sa propre position aux autres, soit d'accepter l'interpellation ou la critique de l'autre pour s'interroger et confronter les idées. C'est peut-être le premier pas pour déconstruire ses propres opinions et idées-reçues en même temps que celles des autres : « voir quelqu'un ne pas voir, c'est la meilleure façon de voir intensément ce qu'il ne voit pas »[87].

C'est une fois cette limite dépassée que les relations inter-organisationnelles peuvent devenir réciproques et, par conséquent, productives en termes de lutte contre le chômage et les discriminations. Passer progressivement de la concurrence (réelle ou ressentie) à la coopération est d'autant plus nécessaire que le modèle de l'IAE s'accommode assez mal d'une trop grande concurrence. Les

---

[85] *Circulaire DGEFP n°2005/41 du 28 novembre 2005 relative aux ateliers et chantiers d'insertion*, n.d.
[86] Voyez l'ouvrage collectif « Chômage, précarité : halte aux idées reçues ! », Yon et al., 2017
[87] Barthes, 2007, p. 36

SIAE inscrivent leur action dans la lutte contre la pauvreté et l'accès à l'emploi. À tarifications égales, les SIAE peuvent certes constituer une concurrence à l'égard de l'économie traditionnelle (l'inverse est vrai par ailleurs), mais elles contribuent aussi à faciliter le recrutement au sein d'entreprises conventionnelles susceptibles d'éprouver des tensions pour certains postes à pourvoir. Si la coopération est impossible, alors la dynamique de l'IAE est nécessairement mise en échec.

CHAPITRE III : COOPERATIONS AU SERVICE DES PARCOURS D'INSERTION

Les SIAE nouent des partenariats avec d'autres organisations dans le but de proposer des parcours adaptés aux personnes. La prise en compte des trajectoires biographiques de chacun implique des connaissances élargies, voire transdisciplinaires, et des méthodes diversifiées capables de s'adapter aux individualités. Or, une seule organisation ayant trait à l'insertion et l'emploi ne saurait couvrir des besoins aussi étendus :

> « Ne disposant pas en interne de toutes les compétences pour assurer l'intégralité de l'accompagnement, les structures d'accueil nouent des partenariats avec des prestataires externes, agréés et le plus souvent spécialisés[88] ».

Les problématiques qui doivent être prises en compte dans le cadre de l'accompagnement social peuvent être liées à la mobilité, au logement, à la santé, à la formation, à la maîtrise de la langue, *etc*. Celles relatives à la dimension professionnelle le sont tout autant : de la définition d'un projet professionnel basé sur une orientation vers une filière professionnelle et un métier à la confection d'un projet de création d'entreprise, le champ est vaste.

Dans notre précédent rapport sur les Associations Intermédiaires[89], nous rappelions que :

---

[88] Girard, 2015, p. 104
[89] Alleau et al., 2018, p. 45

> « l'offre d'accompagnement associée est large et variée, mais aussi relative aux territoires couverts, au regard notamment de la capacité à mobiliser un réseau de partenaires. Ces réseaux étant variables d'un lieu à l'autre, les AI ont pour habitude de créer de véritables cartes mentales de leurs partenaires afin d'accompagner le salarié de la manière la plus efficace possible. Les acteurs ainsi liés à l'AI constituent des ressources externes susceptibles d'être mobilisées sur leurs champs de compétences propres. […] Organismes de formation, partenaires institutionnels, travailleurs sociaux, autres SIAE, Pôle Emploi, entreprises, organismes de santé : autant d'interlocuteurs du territoire interagissant avec l'AI.

Déployé dans le cadre d'une étude dédiée aux AI, le propos est également vrai pour l'ensemble des SIAE. Les organisations sont spécialisées sur des démarches répondant aux besoins d'activité et d'emploi des personnes qu'elles accueillent. Si dans ce cadre cette spécialisation est gage d'efficacité, elle constitue aussi une limite que l'isolement ne saurait dépasser. Certains besoins spécifiques nécessitent d'autres méthodes ou ressources. Chaque personne salariée est alors le prétexte à la mise en œuvre de coopérations bilatérales ou multilatérales. La prise en charge des spécificités de chacun, au-delà de l'accompagnement vers l'emploi, nécessite donc de s'appuyer sur des expertises complémentaires. À travers la spécialisation à l'accompagnement social et professionnel se trouve l'impératif de couvrir, à travers la coopération, l'ensemble des difficultés auxquelles sont confrontés les publics IAE en un lieu donné. Ainsi, la trajectoire de chaque salarié devient la finalité et la coopération est l'un des moyens de l'atteindre.

Dans ce contexte, la notion de partenariat, de coopération ou de collaboration avec d'autres organisations spécialisées sur des champs complémentaires peut être pensée comme constitutive de toute démarche d'insertion ou de création d'emploi. Les besoins variés des individus rencontrent dès lors des offres de services complémentaires qui doivent être coordonnées pour être efficaces au sein d'un même territoire.

DEMARCHES QUALITE ET COOPERATIONS

Les démarches qualités centrées sur le système de management et l'amélioration continue se basent sur des principes. L'ISO 9001 en définit huit :

- l'orientation client, le leadership,
- l'implication du personnel,
- l'approche processus,
- l'approche système,
- l'amélioration continue,
- l'approche factuelle,
- les relations mutuellement bénéfiques avec les parties prenantes.

Dès sa création, le référentiel qualité CEDRE (Cadre de référence) développé par Coorace s'est appuyé sur ces principes. Le fondement de la démarche consiste à penser l'organisation en termes d'amélioration continue. Il convient ici de se placer dans une posture de remise en question permanente visant à améliorer la satisfaction du client. Plusieurs « catégories » de clients existent dans le référentiel CEDRE. Le client dit « économique », qui achète les produits ou services, mais également le demandeur d'emploi devenu salarié. Il est ici considéré comme client car les produits, services, activités de l'entreprise sont destinés à répondre à son besoin. Les autres principes viennent, finalement, soutenir cette ambition générale. L'approche processus se caractérise par la liberté de pouvoir définir ses propres objectifs. Il s'agit ici d'identifier le résultat souhaité et de définir de façon anticipée l'ensemble des étapes à mettre en œuvre pour y parvenir. Cela inclut

des outils, moyens et méthodes. L'approche système consiste à penser l'entreprise comme un ensemble de fonctions – de processus – interdépendantes.

L'enjeu est donc de mettre en place un « système de management » soucieux des interactions et communications entre collaborateurs et services. Dans une structure d'insertion par l'activité économique, quelle qu'elle soit, la personne en charge de l'accompagnement socio-professionnel a besoin de connaître la façon dont les salariés interviennent en situation de production ou de mise à disposition. De la même façon, les personnels en charge de la fonction économique ont besoin de connaître les projets et potentialités des personnes afin de sécuriser leur mission.

Normaliser la coopération au sein de l'entreprise : vers une légitimation du rôle de chacun

L'implication du personnel et, paradoxalement peut-être, le « leadership », portent également en eux des logiques de coopération. Le personnel est le cœur même d'une entreprise et donc l'un des maillons principaux de tout système de management. Son implication est indispensable pour qu'une entreprise puisse progresser. Cette implication ne peut pourtant être effective que si les orientations stratégiques de l'entreprise sont clairement définies et si les conditions permettant au personnel de s'exprimer sont réunies.

En la matière la spécificité de l'ESS en général, et de CEDRE en particulier, tient au fait que la notion de « leadership » ne s'incarne pas uniquement dans la direction salariée mais aussi dans le couple formé avec la gouvernance. Les conseils d'administration des SIAE sont composés de représentants de la société civile mais aussi, d'organisations privées. On peut dès lors considérer le territoire d'intervention de ces entreprises comme une troisième catégorie de client. Dans ce cadre, l'existence même de la SIAE est un objet de coopération. Les Associations Tremplin (AI) et ACEMUS (ACI), situées sur la communauté de communes Vie et Boulogne en Pays de Loire avaient, par exemple, en décembre 2016 :

> « un conseil d'administration composé de 22 membres dont 19 membres sont des élus municipaux qui représentent leur commune, un administrateur client de l'association intermédiaire, le délégué du personnel et le directeur de la structure. Il est prévu « d'ouvrir » davantage le Conseil d'Administration de l'association notamment en permettant l'intégration de nouveaux membres issus soit de la clientèle soit du bénévolat. »[90]

À titre d'exemple, l'association Start'Air située en Ille-et-Vilaine, considère la démarche qualité Cèdre comme la première coopération vécue à différentes échelles. La qualité a permis, pendant plusieurs années, de renforcer les liens de

---

[90] Source : Manuel qualité Tremplin-Acemus, 2016, p.3

coopération entre salariés. Ici, le sens d'un travail collectif dans un but commun et partagé est visé.

La compréhension par tous que chacun a son rôle et son importance, de même que la responsabilisation des acteurs, conscients de l'interdépendance des différentes tâches nécessaires au fonctionnement de l'entreprise améliorent nécessairement la qualité des interactions entre les individus. En effet :

> « Un consensus s'établit sur l'impact positif de la certification ISO 9000 sur la communication interne au sein de l'entreprise, y compris dans les plus petites. Cette amélioration de la communication résulte d'une meilleure compréhension par les employés des standards de fabrication et de leurs responsabilités dans les processus, ainsi qu'une meilleure maîtrise de ces processus par les managers.[91] »

Une étude d'impact menée sur la certification Cedre V2 indique notamment que :

> « Le travail en équipe a été renforcé et un véritable collectif de travail a émergé (selon 76,9% des directeurs, 80,0 % des permanents et 88,9 % des administrateurs). Comme le souligne un directeur : "Cèdre a permis de développer une dimension collective d'équipe avec les réunions hebdomadaires. Il y a plus de concertation et d'entraide" »[92]

Enfin, par le renforcement d'une démarche de service à l'interface des besoins des personnes, des clients économiques et des territoires, la qualité, souligne Alain Van Den Bulcke, a peu à peu modifié les perceptions des donneurs d'ordres, dont certains sont devenus militants de l'association[93].

Ainsi, la normalisation d'une coopération interne entre salariés et gouvernance, par la légitimation du rôle de chacun dans le fonctionnement de la structure, facilite la normalisation des coopérations externes qui, en retour, peuvent nourrir la coopération interne.

Renforcer les partenariats externes : vers une légitimation territoriale

Cette approche demeure essentielle dans l'ADN du réseau Coorace. À titre d'exemple, la méthodologie appliquée à la démarche d'amélioration continue à travers l'outil d'autodiagnostic CAP (Coorace Ambition Progrès) met sciemment en évidence la nécessité de renforcer les temps d'échanges entre salariés, administrateurs et parties prenantes externes à plusieurs niveaux. La démarche CAP est une démarche d'amélioration continue non certifiante basée sur un principe d'auto-évaluation accompagnée. Construite selon la même structure que le référentiel ISO 9001, CAP fait le choix d'une approche plus ludique et didactique de l'amélioration continue. Elle constitue une première marche vers la qualité.

---

[91] Rolland, 2009
[92] Abgrall and Valdenaire, 2012, p. 35
[93] Assemblée Générale Coorace Bretagne, 23 mai 2019, propos recueillis auprès d'Alain Van Den Bulcke, Président de Start-Air.

Qu'il s'agisse du projet de la structure ou de l'objet (l'emploi, l'insertion, la lutte contre la pauvreté), indissociable de son territoire, de l'analyse et de la projection autour des services rendus par l'organisation ou encore de l'utilité sociale, l'approche coopérante territorialisée apparaît essentielle dans l'ensemble de ces démarches.

Depuis 2015, la norme ISO 9001 renforce cette dimension avec l'introduction de la notion de « Partie Intéressée Pertinente ». L'exigence posée à l'entreprise consiste à identifier, hiérarchiser puis satisfaire les attentes des personnes ou institutions ayant un impact sur sa capacité à réaliser son projet. Cet élément, de par l'obligation normative induite, amène donc nécessairement l'entreprise à développer sa connaissance et sa maîtrise du système d'acteurs de son territoire, ainsi qu'à mettre en place des relations voulues comme mutuellement bénéfiques dans un système d'acteurs élargi. Cela implique également de s'interroger sur les besoins et attentes de ses interlocuteurs : autant d'éléments constitutifs d'une coopération réussie. Il s'agit dès lors d'un élargissement des principes d'orientation des parties intéressées pertinentes mutuellement bénéfiques. Dans tous les cas, l'écoute et la compréhension des besoins, intérêts et enjeux de tout interlocuteur sont recherchés, qu'il s'agisse d'un client, d'un fournisseur, d'une partie intéressée pertinente plus largement telle qu'un bénévole, un salarié, un partenaire institutionnel, un prescripteur, *etc.*

Les apports de la démarche qualité « CEDRE » à l'ISO 9001 renforcent cette approche coopérative par l'introduction de plusieurs éléments. La prise en compte de l'environnement, la recherche de relations mutuellement bénéfiques avec les parties prenantes locales, le déploiement d'un projet d'entreprise orienté sur les besoins du territoire d'intervention sont autant d'apports spécifiques. Cette approche amène donc les entreprises concernées à déployer des méthodes d'analyse de leur territoire ainsi que de questionnements réguliers vers les parties intéressées pertinentes et clients visant à s'assurer que les relations mutuellement bénéfiques sont effectives.

Pour l'entreprise en démarche de qualité, l'enjeu relève du positionnement de l'action et de l'organisation au service des personnes en demande d'emploi, mais aussi au service des employeurs du territoire. La formalisation d'un projet contextualisé, intégrant des coopérations formelles avec les parties prenantes locales est ainsi explicitement demandée par la norme.

La cartographie des partenaires est un outil essentiel dans cette démarche (Figure 2). À l'origine, les formations proposées par l'AFPA pour l'obtention du titre de conseiller en insertion professionnelle permettaient aux étudiants de découvrir et maîtriser cette technique de formalisation. Dans le cadre de la démarche qualité, Cèdre s'est appuyé sur cet outil afin de le faire évoluer au regard des besoins des adhérents. L'intérêt est de disposer d'un outil simple et adaptable permettant de visualiser l'ensemble du champ des coopérations mobilisables. C'est un outil qui permet de mesurer l'étendue partenariale et le degré de relation ; il favorise également les ajustements.

Dans l'étude d'impact citée précédemment, des professionnels de structures témoignent de ces évolutions :

> « Nous prenons plus en compte notre territoire, le développement économique, la paix sociale, on a plus confiance. On réajuste nos actions aux besoins des salariés, du territoire et du contexte »[94].

Les relations partenariales peuvent également être impactées positivement :

> « Depuis Cèdre, on travaille plus en partenariat, il a fallu reprendre contact avec les partenaires. On a consolidé nos partenariats et créé un vrai collectif. On a une meilleure connaissance des salariés en parcours et du réseau grâce à nos partenariats »[95]

Figure 2. Rosace des partenaires d'une SIAE. L'exemple du guide qualité de Passerelles (Manche)

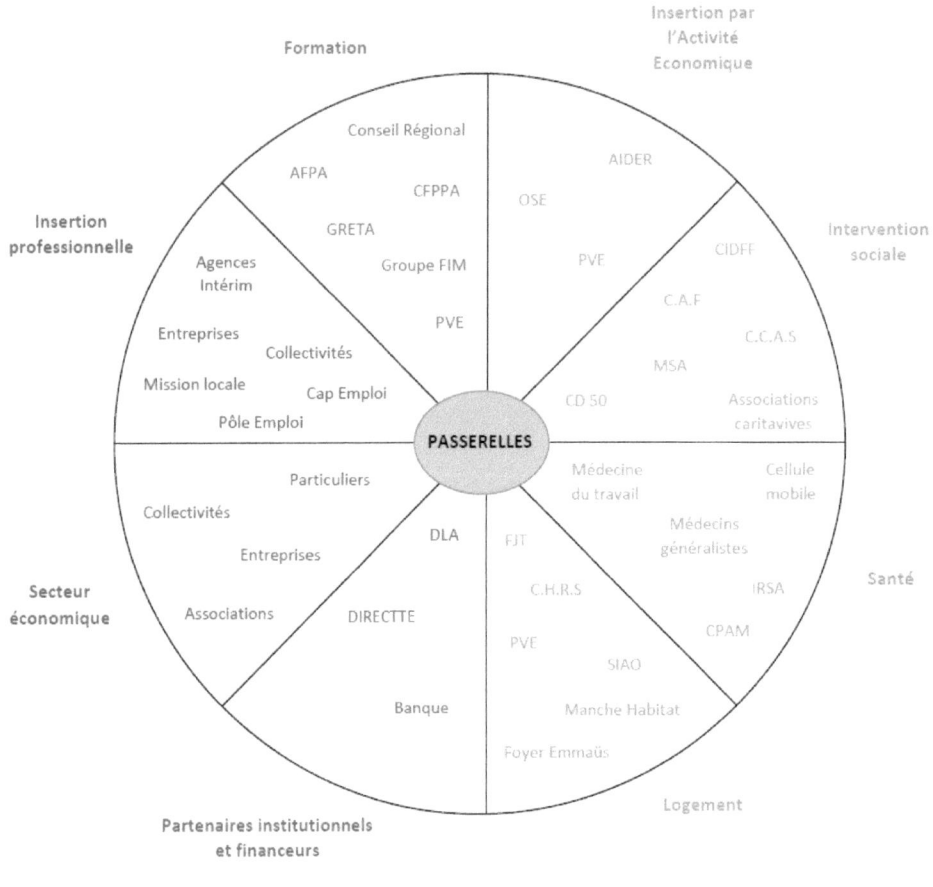

---

[94] Abgrall and Valdenaire, 2012, p. 58
[95] Abgrall and Valdenaire, 2012, p. 59

L'enjeu d'une synergie territoriale des coopérations : les apports de l'EUST

Les indicateurs d'utilité sociale sont un sujet central pour les organisations de l'ESS[96]. Les entreprises certifiées ou en cours de certification se voient également demander d'évaluer « leurs apports mutlti-dimensionnels », autrement dit d'Évaluer leur Utilité Sociale Territoriale (EUST, Figure 3). Au-delà des indicateurs produits, un des intérêts réside dans la méthode mise en œuvre. Le référentiel précise que les parties intéressées pertinentes de l'entreprise sont associées à cette démarche évaluative.

Il s'agit dès lors de raisonner collectivement et différemment. La méthode EUST de Coorace, élaborée avec Hélène Duclos, place la coopération avec les parties prenantes extérieures à l'organisation comme un élément central. Il ne s'agit plus d'interroger son interlocuteur sur ce qu'il attend des services de l'organisation qui s'évalue, ou s'il en est satisfait ; il est interrogé sur sa perception des plus-values apportées par l'entreprise à un territoire.

Figure 3. Illustration des apports des 5 registres de l'Utilité Sociale Territoriale (EUST)

Source : « Une démarche d'évaluation de l'utilité sociale territoriale » : pour évaluer notre impact sur les territoires[97]

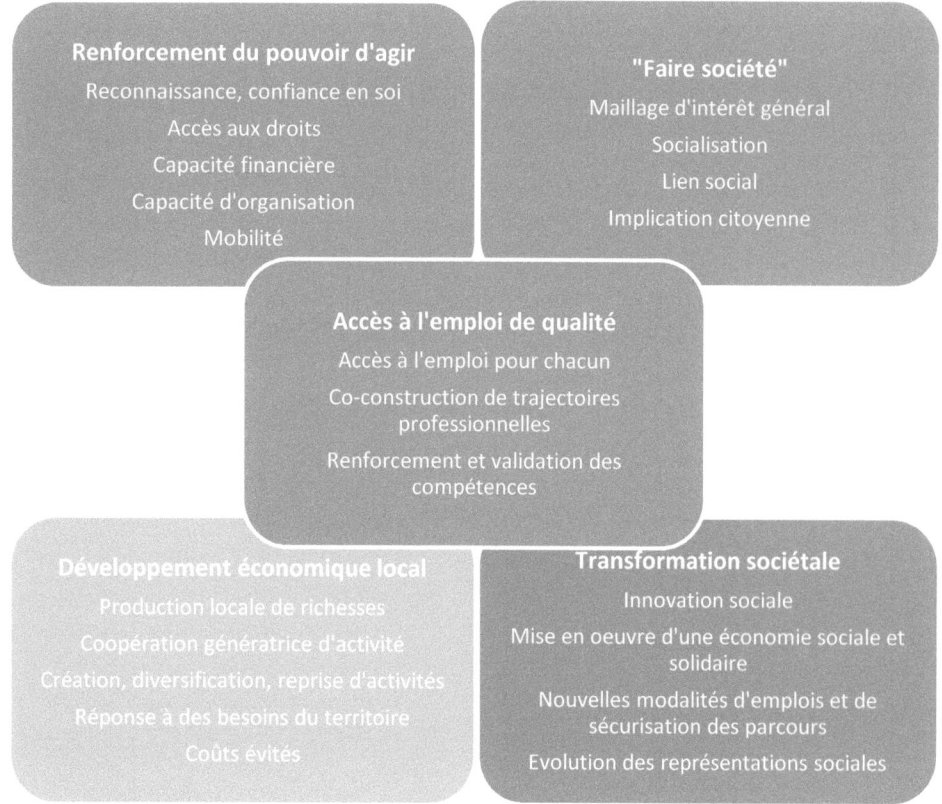

Pour simplifier l'approche, et éviter des réponses corporatistes, les structures interrogent simplement leurs interlocuteurs. À titre d'exemple, parmi les

---

[96] Perrin and Benzerafa, 2016
[97] Ressource en ligne : http://www.coorace.org/sites/www.coorace.org/files/demarche_eust-_vf_8.pdf

questions posées, il est en une incontournable : « et si nous n'étions pas là ? ». La richesse de la démarche tient au fait que ces interrogations sont formulées dans des temps ou de multiples profils sont rassemblés, qu'il s'agisse d'assemblées générales ou de temps dédiés. Ainsi, les regards croisés entre élus locaux, professionnels de l'insertion, agents du service public de l'emploi, entreprises, salariés en parcours, ou encore particuliers permettent de dessiner ce qu'est l'entreprise sur son territoire. Cela permet de construire un référentiel qui devient langage commun et donc vecteur de coopérations.

En outre, l'utilité sociale apparait comme un élément moteur dans le développement des coopérations avec les entreprises lucratives. Comme le souligne Di Domenico et al., nouer un partenariat avec une organisation à but social peut avoir un effet positif sur l'identité des entreprises lucratives et contribuer à sa réputation[98]. Ainsi, l'utilité sociale territoriale favorise les partenariats et la démarche d'évaluation de l'utilité sociale territoriale les renforce.

COOPERATION, CO-RESPONSABILITE SOCIO-ECONOMIQUE ET CO-RESPONSABILITE TERRITORIALE

Le cadre des coopérations construit entre les salariés d'une même structure et entre les organisations en lien avec la structure implique une notion de responsabilité, centrale dans les questions d'emploi et d'insertion. L'importance de cette notion peut s'appréhender d'un point de vue éthique ou juridique.

De l'insertion à l'inclusion : vers une rupture de la notion de coopération à l'échelle d'un État nation ?

À l'échelle nationale, la coopération entre les acteurs de l'emploi, de l'insertion et de la lutte contre la pauvreté et la précarité constitue un élément central des politiques publiques. Est ici pensé l'accueil des demandeurs d'emploi, leur accompagnement dans la recherche d'emploi, dans la confection de projets professionnels, dans la montée en compétences, *etc*. Les différents enjeux ainsi posés impliquent des parcours adaptés aux besoins de chacun, et donc une relative modélisation et articulation des dispositifs entre eux.

Les récents débats qui ont traversé le monde de l'emploi et de l'insertion ont révélé plusieurs notions. Il en est ainsi de l'émergence de la notion d'inclusion ou d'entreprise inclusive. Si l'insertion définit l'action d'insérer l'individu dans le corps économique et social de la nation, l'inclusion est le résultat de l'insertion ou le fait de laisser une place à chacun au sein de la nation.

Dans son cinquième article, le préambule de la Constitution française du 27 octobre 1946 affirme :

> « Chacun a le devoir de travailler et le droit d'obtenir un emploi. Nul ne peut être lésé, dans son travail ou son emploi, en raison de ses origines, de ses opinions ou de ses croyances ».

Le droit à l'emploi est donc une responsabilité de l'État nation à l'égard des citoyens qui le composent. L'obligation de moyen qu'implique cette affirmation explique la démarche de l'État et les outils qu'il a pu créer ou soutenir : de

---
[98] Di Domenico et al., 2009, p. 895

l'émergence d'une agence nationale spécialisée sur l'emploi (ANPE puis Pôle Emploi) au soutien des initiatives privées telles que les SIAE ou les expérimentations comme Territoire Zéro Chômeur de Longue Durée. L'obligation de résultat ne semble cependant pas prise en considération. Dans ce cadre, la notion d'inclusion dans l'emploi prend son sens à l'échelle de l'Etat nation parce qu'elle est affaire et responsabilité de tous : citoyens, agents économiques, agents publics, sans distinction, *a priori*.

Le lent glissement de la responsabilité sur les question d'emploi, de précarités ou de pauvretés a cependant laissé apparaître une ligne de fracture. Ainsi, le rapport Borello en relevait une :

> « la principale leçon du secteur de l'insertion est pourtant que « personne n'est inemployable ». […] Si personne n'est inemployable, c'est que le concept d'employabilité donne une vision partielle de la réalité, car il sous-tend que la responsabilité du chômage incombe uniquement au demandeur d'emploi. Sortir des préjugés est un préalable à toute réforme en la matière. Dans certains territoires, ce ne sont pas les personnes qui sont éloignées de l'emploi, mais l'emploi qui est éloigné des personnes[99] ».

De cette réflexion, a émergé un temps la notion « d'employeur-abilité » considérant que la responsabilité de l'emploi est « partagée », c'est-à-dire qu'elle implique également les employeurs. Ce cheminement intellectuel amenait le rapport à conclure :

> « le mot « inclure » retenu dans ce rapport nous semble bien traduire cette idée de responsabilité partagée. […] « Inclure » est un acte collectif, qui donne un rôle aux employeurs et à tous les intermédiaires du marché du travail ».

Trop connotée, la notion d'insertion est remise en question au profit d'une notion plus vaste, vectrice d'une nouvelle réforme de l'IAE. L'« inclusion » qualifie désormais les politiques de lutte contre le chômage bien que l'insertion demeure le cadre légal des SIAE. Or des démarches privées portées par des acteurs de l'ESS ne sauraient supporter à elles seules les implications de l'inclusion. La responsabilité de l'insertion est individuelle, liée à chaque personne en parcours et aux acteurs qui l'accompagnent. A contrario, la responsabilité de l'inclusion relève de l'ensemble de la nation : elle est le fait de tous les employeurs et acteurs de l'emploi. Ainsi, les impacts que font peser progressivement ce glissement sémantique sur le secteur de l'insertion sont nombreux. Les SIAE seront-elles insidieusement responsables de l'inclusion de tous les publics privés d'emplois ? leurs spécificités seront-elles diluées à travers l'ensemble des employeurs ? ou, au contraire, les stratégies insertionnelles seront-elles collectivement partagées par l'ensemble des employeurs ?

La notion de responsabilité au sein des coopérations locales

Si la notion de responsabilité apparait dans les relations entre institutions et acteurs à l'échelle nationale, elle se retrouve de manière plus concrète et ponctuelle dans les territoires. Localement, l'animation des systèmes d'acteurs,

---

[99] Borello and Barfety, 2018

tels que définis précédemment, implique un partage des responsabilités de l'accompagnement des personnes. Ce partage des responsabilités se heurte à plusieurs dimensions : celles relatives aux publics accompagnés et en emploi, celle des clients qui, dans le cadre des actions à destination des particuliers peuvent se révéler d'une grande importance, *etc*. La loi encadre la définition des responsabilités dans le cadre du travail, mais comment penser le partage de responsabilités lorsqu'il s'agit d'accompagnement des personnes ?

Dans le secteur de l'aide à la personne les questions sont parfois complexes. À titre d'exemple, un Proxim'Services de Bretagne travaille sur l'aide humaine à travers la coopération entre les différents intervenants et soignants. Ainsi, l'association est au cœur d'un système de coopération constitué de cabinets d'infirmiers, de mesures d'hospitalisation à domicile, *etc*. Les intervenants de l'association sont amenés à diagnostiquer des situations difficiles chez certains bénéficiaires.

> Hier, notre intervenante a constaté que M. X n'allait pas bien du tout. Il indique vouloir mettre fin à sa vie. Nous avons donc sollicité une psychologue grâce à un partenariat que nous entretenons avec une association d'assistance psychologique. La psychologue est intervenue, a rencontré le Monsieur, ne nous a pas alerté. Le lendemain, le Monsieur n'a pas répondu à l'intervenante lors de son arrivée. Les services de secours ont donc été contactés. Cette situation nous a beaucoup interrogé sur notre co-responsabilité à l'égard des bénéficiaires de notre association[100].

Ces situations n'apparaissent jamais avec autant d'importance que pendant les périodes de crises. Entre choix éthiques et obligations légales, la responsabilité est une notion sous-jacente à toute coopération. L'exemple du Covid-19 est de ce point de vue éclairant : quelles sont les responsabilités partagées entre une structure de l'ESS employeuse, des structures partenaires de l'accompagnement, un salarié mis à disposition dans le cadre d'une mission de confort et la personne dépendante et sans soutien familial bénéficiaire de la mission ? La consolidation des coopérations, par une meilleure connaissance partagée des rôles, missions et responsabilités de chacun est essentielle.

Le cadre institutionnel : une coopération de régulation ?

Du point de vue des personnes accompagnées, ces différentes situations sont pour partie dépendantes d'un cadre de coopération institutionnalisé. Les SIAE signent par une exemple une convention de coopération avec Pôle-Emploi.

> « Chaque SIAE signe une convention avec l'État et Pôle emploi après avis du CDIAE, pour une durée maximale de trois ans. Cette convention précise les caractéristiques des personnes accueillies, les conditions de coopération avec Pôle emploi, le montant des aides financières accordées, etc. La convention peut être résiliée par le préfet, notamment lorsque la SIAE a obtenu l'aide de l'État à la suite de fausses déclarations ou n'en fait pas une utilisation conforme à son objet[101] ».

---

[100] Assemblée Générale COORACE Bretagne, 23 mai 2019
[101] Pelosse et al., 2013

Le terrain des coopérations

Ce cadre de coopération a ceci de particulier qu'au-delà des formes effectives de communication et relations entre les contractants il induit une inégalité dans la relation. Seul l'un des deux contractants est susceptible d'être sanctionné en cas de non-respect de ses obligations alors qu'aucune relation de financement ne lie la SIAE à Pôle-Emploi. Il s'agit donc ici plus d'un exercice de contrôle que de coopération réelle. Les limites de ce fonctionnement ont été soulignées à plusieurs reprises par la cour des comptes notamment[102]. Gageons que la mesure adoptée dans le récent rapport du CIE[103] visant à augmenter le nombre de prescripteurs habilités ainsi que de permettre aux SIAE une « auto-prescription » *via* le Pass-IAE améliorera les coopérations effectives.

Plus généralement, la responsabilité de chaque acteur de l'emploi est également déterminée par la capacité à coopérer. En effet, le nombre d'organisations dont l'action porte sur l'accompagnement des publics privés d'emplois ou précarisés est important et les périmètres de compétences de chacun se chevauchent bien souvent : Pôle Emploi, Missions Locales, PLIE, travailleurs sociaux des Départements, SIAE, *etc*. Il n'est pas rare de rencontrer des personnes salariées de SIAE accompagnées ou ayant été accompagnées par de nombreuses organisations. Dans ces systèmes complexes, seule la coopération entre ces différents acteurs peut permettre un fonctionnement opérant.

Ce cadre de coopération peut également être pensé du point de vue d'une stratégie territoriale concertée avec l'ensemble de ces acteurs. La définition de cette stratégie est du ressort des CDIAE (conseils départementaux d'insertion par l'activité économique).

> Les missions reconnues par le code du travail à ces instances comprennent une tâche administrative d'émission d'avis sur les conventionnements et une fonction stratégique de promotion du secteur. Le potentiel de cette instance n'est aujourd'hui pas suffisamment exploité. La mission met ainsi en exergue deux lacunes principales dans le fonctionnement actuel des CDIAE :
>
> seule la première mission des CDIAE, à vocation administrative, est pleinement remplie en pratique alors que la seconde, à vocation stratégique, est marginalisée. L'ordre du jour des CDIAE porte ainsi souvent exclusivement sur la première mission. Les réunions sont rarement l'occasion d'animer la politique d'IAE sur le territoire et de fixer les grandes orientations stratégiques avec les parties-prenantes du secteur qui sont pourtant tous présents autour de la table. Le ciblage de l'action des CDIAE sur la première mission contribue donc à faire de ces instances une simple chambre d'enregistrement des conventionnements ;
>
> le fonctionnement des CDIAE est unilatéral, se traduisant par une circulation de l'information à sens unique qui empêche une coordination efficace entre les financeurs. Ainsi, les CDIAE sont l'occasion pour l'État de faire un point avec les partenaires extérieurs sur la programmation des crédits dédiés à l'IAE et sur les redéploiements intervenant dans le cadre de la bourse aux postes. La procédure de conventionnement implique également la plupart du temps la diffusion, par l'État, des résultats des dialogues de gestion. Si la délivrance d'informations par l'État dans ce cadre est

---

[102] *L'insertion des chômeurs par l'activité économique : une politique à conforter*, 2019, p. 85 et suivantes
[103] CIE, 2019, p. 107

> indispensable, les CDIAE, en ciblant quasiment exclusivement les financements étatiques, manquent de réciprocité. Il ne s'agit pas d'instances stratégiques de coordination entre acteurs. Sauf exception, ils ne sont pas un lieu permettant la remontée des données des autres financeurs et la consolidation d'une cartographie des financements de l'IAE, par l'intermédiaire notamment de tableaux de bord de suivi des aides permettant d'identifier clairement qui donne quoi à chaque structure conventionnée et sur la base de quels critères d'attribution[104]. »

La cour des comptes, dans son rapport souligne que, malheureusement les CDIAE ne jouent pas ce rôle et se limitent à une reconduction de l'existant sans réel pilotage stratégique[105]. L'ambition du pacte IAE est de refonder un véritable pilotage territorial via la modification du système de gouvernance[106].

CONCLUSION

La coopération est une condition essentielle pour assumer un rôle insertionnel. De ce point de vue, la portée des démarches d'amélioration continue permet de réguler les coopérations internes (au sein de la structure) et les coopérations externes (avec les partenaires). La responsabilité de la coopération échoit donc à la structure d'insertion. Elle lui impose de manager ses relations partenariales : être attentif au besoin des partenaires, proposer des réponses, être identifié plus généralement. Mais la responsabilité ne saurait reposer sur ces seules organisations. En effet, sans réciprocité inter-organisationnelle, cette dynamique est impossible à mettre en œuvre.

Parler de responsabilité collective est sûrement plus approprié, comme nous l'invite à le faire le rapport dit Borello. Mieux cerner les enjeux et intérêts communs de différentes organisations d'un même territoire dans un but d'emploi est donc questionné à l'aune du cadre réglementaire. La réglementation a un impact non négligeable sur le développement et le management des coopérations à but d'emploi : si l'ensemble des employeurs d'un territoire a une responsabilité à l'égard des personnes actives de ce même territoire, alors la responsabilité de l'insertion – une action nécessairement privée – ne peut qu'être partagée.

---

[104] Pelosse et al., 2013, p. 25
[105] *L'insertion des chômeurs par l'activité économique : une politique à conforter*, 2019, p. 77 et suivantes
[106] CIE, 2019, p. 87

CHAPITRE IV : DES COOPERATIONS AU SERVICE DE GESTION PREVISIONNELLE DES EMPLOIS ET COMPETENCES

Chaque structure de l'IAE intervient dans un territoire où elle propose des actions d'accompagnement des personnes et de développement d'activités économiques. Pour mener à bien cette mission, elle doit s'appuyer sur des coopérations locales avec les acteurs de l'emploi, des filières professionnelles et des entreprises. Cet enjeu est fréquemment rappelé par les pouvoirs publics. À titre d'exemple, l'accord cadre national signé entre l'État, Pôle emploi et les réseaux et fédérations de l'IAE en 2015 le mentionne dans son article 3. Parmi les actions à mener collectivement, un engagement de développement des « collaborations avec le monde économique et [d'information des] SIAE des recrutements » est explicité :

> « Pôle emploi informera également les SIAE des offres d'emploi susceptibles d'être proposées aux salariés de l'IAE, notamment des recrutements collectifs des entreprises « grands comptes » dont il a connaissance ou, avec le concours de l'Etat, ceux envisagés dans le cadre de la déclinaison locale d'accords conclus avec les fédérations et les branches professionnelles[107].

La déclinaison de l'accord en région identifie cet enjeu comme un axe fort de coopération entre les différents acteurs de l'emploi :

> « Pôle Emploi favorisera la mise en relation avec le monde économique par la promotion de l'IAE auprès des branches, filières et fédérations professionnelles. Un point sera fait en comité de pilotage régional sur les filières les plus adaptées à un échange[108]. »

---

[107] Accord cadre 2015 p. 18
[108] Accord cadre régional, 2017, p. 14

La question des besoins des territoires et des filières professionnelles n'est pas nouvelle. Comme le rappelle Stephen GIRARD :

> « Il est à noter que l'accord-cadre de 2011 institutionnalise la prise en compte des besoins de recrutement des branches professionnelles et des territoires avant toute mise en place de formation qualifiante[109] ».

Afin de faciliter ce travail, indispensable au regard de l'ambition de l'IAE, la fédération Coorace a engagé une réflexion croisant emploi et innovation sociale. Deux axes structurants ont ainsi vu le jour dès les années 1990.

Le premier est orientée vers des entreprises sociales hors IAE susceptibles de créer des emplois non délocalisables tout en sécurisant les parcours professionnels sur les territoires. Il s'agit dès lors de faire face à l'installation de certains publics en parcours qui ne bénéficient pas d'opportunités de sortie de l'IAE et d'agir contre une absence relative d'emplois à pourvoir sur le territoire. La réflexion collective des SIAE adhérentes s'est alors orientée vers la création de nouvelles activités et de nouvelles structures dans le champ de l'ESS, comme des ETT-ESS, des Proxim'Services travaillant dans le champ de l'aide à domicile, *etc.*

La seconde ambitionne de répondre plus directement à la nécessité de coopérations étroites entre SIAE et employeurs du territoire, telles que pensées dans l'accord cadre. Cette démarche relève d'une recherche d'efficience de la fonction de sas qui a défini l'IAE au fil du temps. Il s'agit alors d'adapter une Gestion Prévisionnelle des Emplois et des Compétences (GPEC) aux publics en insertion et aux besoins particuliers d'un secteur d'activité et/ou des entreprises d'un territoire. Pour y parvenir, des coopérations d'ordres économiques ou de Gestion des Ressources Humaines (GRH) induisent un partenariat croisé entre les SIAE et les entreprises à but lucratif. Les méthodes-outils Zest, Parcours Gardiens ou Vita Air ont été développés par les SIAE Coorace dans le but résoudre une non adéquation chronique entre l'offre et la demande à des échelles territoriales et partenariales appropriées. Ils partent d'un constat : d'un côté, des employeurs souhaitent recruter, mais n'y arrivent pas ; d'un autre côté, des demandeurs d'emploi souhaitent travailler, mais n'y parviennent pas.

LA FILIERE STRUCTUREE AUTOUR D'UNE MULTIPLICITE D'ACTEURS EGAILLES SUR LE TERRITOIRE : ZEST PAR COORACE

La sectorisation des besoins de mains d'œuvre – tous les secteurs d'activité ne recrutent pas avec la même intensité –, impose de raisonner également sur des territoires élargis. Les SIAE, dont le territoire d'action est défini par leurs conventionnements, doivent déjouer les pièges de tout « effet frontière » : le territoire de la SIAE n'est pas nécessairement celui d'un groupe ou d'une filière professionnelle. C'est la raison pour laquelle la méthode Zest s'adresse aux SIAE ayant repéré des besoins de main d'œuvre ou de recrutement exprimés par un très grand nombre de TPE d'une même filière et de manière régulière sur des territoires élargis (à l'échelle d'un département, d'une région). Ainsi, au besoin de recrutement difficile à satisfaire, peut répondre une main d'œuvre constituée par des salariés des SIAE prêts à découvrir les métiers de la filière.

---

[109] Girard, 2015, p. 104

Un Zest pour les professionnels de la restauration

Née dans le Jura, à Dôle, Zest s'est développée grâce à un collectif d'Associations Intermédiaires. L'objectif visait un rapprochement entre les AI et les acteurs de l'hôtellerie-Restauration en 2009. Une veille sectorielle avait alors permis d'identifier la filière pour ses besoins récurrents, et souvent non pourvus, en termes de main d'œuvre.

Pour réaliser cet objectif, les SIAE se sont engagées dans une démarche basée sur leur cœur de métier : l'accompagnement et la formation de publics éloignés de l'emploi à travers un parcours d'insertion social et professionnel. Comment standardiser la démarche pour apporter une réponse collective et plus massive aux TPE visées ? La réponse consiste à élaborer des parcours professionnels s'appuyant sur les besoins identifiés en termes de compétences auprès des entreprises locales. Condition essentielle pour en assurer la réussite, l'action doit être co-construite avec une filière professionnelle afin d'atteindre l'emploi et le recrutement. Les finalités de la démarche sont les intérêts partagés par les différentes organisations impliquées dans un rapport gagnant-gagnant. Dans le cadre de la démarche hôtellerie-restauration, l'Union des Métiers et des Industries de l'Hôtellerie (UMIH) a permis de développer un accord national avec Coorace en 2014.

Une méthode adaptée à tout type de filière

La méthode s'appuie sur plusieurs séquences de travail quelle que soit la filière ciblée par la démarche collective.

La première est le diagnostic des besoins des entreprises locales et des territoires. La démarche emprunte donc à la Gestion Prévisionnelle des Emplois et Compétences. Elle ambitionne de définir les besoins et attentes des entreprises en termes de compétences et de tâches à accomplir par un diagnostic fin. Les métiers sont ainsi qualifiés par des entreprises engagées dans une démarche collective. Les SIAE, spécialisées dans le repérage et l'acquisition de compétences s'associent aux entreprises ayant des besoins et maîtrisant leur propre organisation du travail. De la rencontre entre SIAE et entreprises lucratives résulte une capacité collective à mieux définir besoins de compétences au sein de modèles de production singuliers tout en tenant compte des exigences de productivité. Chaque organisation doit dès lors accepter le regard de l'autre et donc en légitimer l'expertise pour co-construire et coopérer.

Ce préalable établi, la deuxième séquence consiste à identifier les personnes accueillies ou en parcours intéressées par le métier visé. Dans ce cadre, il s'agit de travailler sur les « freins périphériques » (c'est-à-dire les problématiques de logement, de mobilité, *etc.*) incompatibles avec l'exercice du métier afin de les lever à termes. Les SIAE sises dans le territoire où les tensions sont identifiées par la filière sont ainsi collectivement mobilisées pour travailler à l'élaboration d'une offre de services homogène.

La troisième séquence consiste à travailler la montée en compétences des personnes pour accéder aux métiers visés. Pour cela, le croisement entre formation et mise en situation de travail s'appuie sur plusieurs approches. D'une part, la maquette de formation répond à un cahier des charges établi avec la filière afin de développer les compétences des salariés, en conformité avec les besoins des entreprises. D'autre part, la formation est adaptée à tous les niveaux des salariés en parcours d'un point de vue ludique, pratique et professionnel. Ces conditions favorisent l'accessibilité de la formation dans la durée. En parallèle, le parcours s'appuie sur une continuité de missions en Associations Intermédiaires. L'approche dite « itérative », croisant formations et mises en situation professionnelle est une condition de réussite afin d'éviter les ruptures de parcours et de favoriser la montée en compétences. Les formations permettent de développer les compétences acquises pour l'exercice du métier visé et de s'en rapprocher.

En Normandie, en Occitanie ou dans le Jura, l'animation favorisant l'émergence du modèle Zest s'est appuyée sur une coopération forte entre Associations Intermédiaires, qui toutes ont pu recruter et se projeter dans une stratégie collective de réponse à une échelle territoriale élargie. Cette démarche a notamment permis de mobiliser les préparations opérationnelles à l'emploi collectives (POEC) grâce à une coopération étroite entre Agefos-PME et Pôle Emploi. La prise en charge de la rémunération et de la formation favorise la continuité de parcours sans impacter trop fortement les fonds propres des Association Intermédiaires.

Les mises à disposition contribuent au développement professionnel de la personne. Cinq niveaux de coopération sont indispensables au bon fonctionnement de la méthode :

- coopération interne à la SIAE, notamment entre chargé de mise à disposition et CIP dans une démarche d'amélioration continue (Chapitre 3, p. 44) ;
- coopération entre SIAE d'un territoire adapté au besoin repéré ;
- coopération entre réseau-fédération de SIAE et réseau-fédération de la filière à l'échelle régionale et nationale ;
- coopération entre réseau-fédération de SIAE et le Service Public de l'Emploi, les OPCO, les services déconcentrés de l'État ;
- coopération entre chaque SIAE et les entreprises de son propre territoire.

Figure 4. Modélisation du parcours Zest

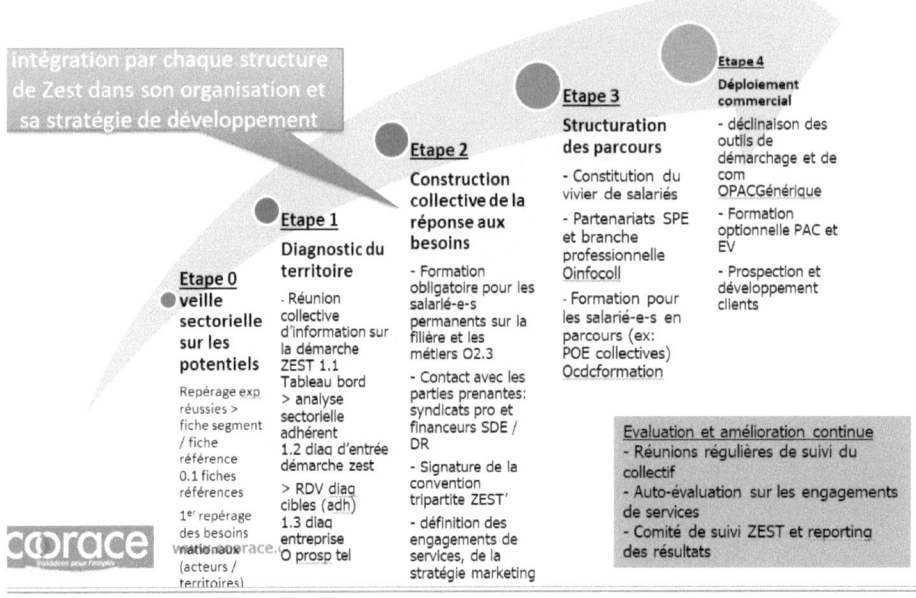

Ces conditions sont indispensables à la mise en œuvre du dispositif dans son ambition première. Ainsi certains salariés en parcours peuvent accéder à l'emploi en entreprise, d'autres peuvent s'orienter vers une formation certifiante ou qualifiante afin de poursuivre leur démarche de professionnalisation.

Résultats

Depuis 2014, dans les départements de Haute-Garonne, de l'Aveyron, du Lot ou de l'Ariège, entre 66 et 93 clients d'une douzaine d'AI mobilisées se sont appuyés sur la démarche Zest dans le cadre de leurs besoins de main d'œuvre ou de recrutement. Le nombre de clients est renouvelé par tiers chaque année. La dynamique des coopérations locales est donc évolutive au gré des besoins des entreprises. Elle s'adapte aux besoins nouveaux ou récurrents grâce à une coopération réciproque et de confiance avec la filière. La coopération permet donc d'anticiper les tensions de recrutement de la filière.

L'activité générée a permis de mettre en situation de travail près d'un millier de personnes entre 2014 et 2018. Les compétences associées aux métiers d'employé polyvalent, d'aide de cuisine ou encore d'agent d'entretien ont pu être développées dans un contexte où les besoins repérés des entreprises n'ont cessé de croître (Figure 5).

En 2018, sur la région Occitanie, 230 personnes étaient intégrées dans un parcours Zest dans neuf AI. Un an plus tard, 41 étaient en emploi dans la filière (CDD ou CDI), 22 en formation (Tableau 3). Les autres salariés ont pu capitaliser sur leur expérience pour poursuivre leurs parcours vers la filière ou élargir leur recherche à d'autres entreprises. La même année, lors du lancement de la saison, Coorace Occitanie avait pu, en collaboration avec Pôle Emploi et Agefos PME, mettre en place une POEC sur les départements de l'Ariège, l'Aveyron, la Haute-Garonne et le Lot.

Figure 5. Evolution des métiers travaillés dans le cadre de Zest Occitanie (en ETP)

Source : Coorace *Occitanie*

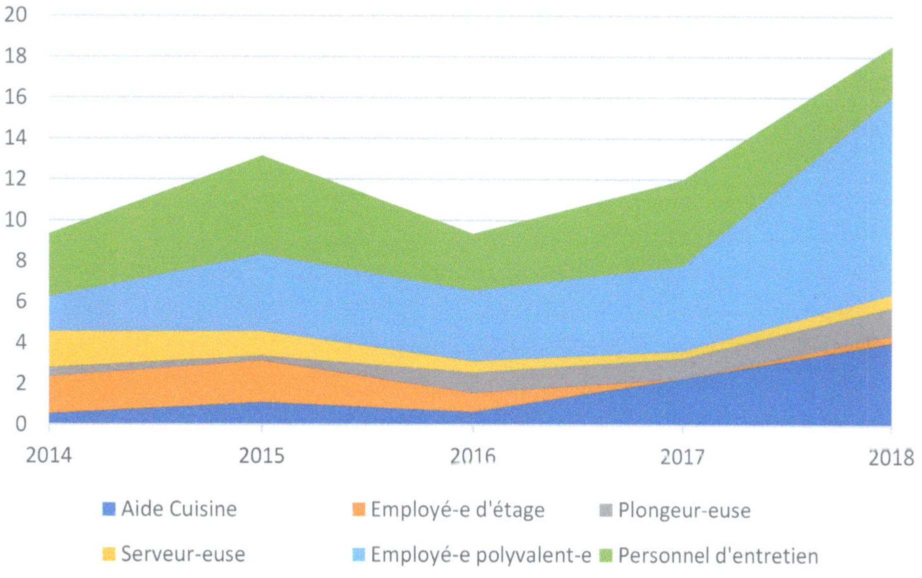

Tableau 3. Bilan de l'action sur les salariés concernés par Zest en Occitanie

Source : Coorace Occitanie

	2014	2015	2016	2017	2018
Nb de salarié-e-s en parcours ayant suivi une formation qualifiante	0	10	0	6,00	31,00
Nb de salarié-e-s en parcours ayant suivi une formation NON qualifiante	8	26	21	22,00	30,00
Pourcentage des bénéficiaires de formations	**5,00%**	**17,39%**	**14,38%**	**14,89%**	**26,52%**
Nb de sorties positives (formation, poursuite de parcours en SIAE)	1	21	18	18,00	22,00
Nb de sorties vers un emploi de transition (CDD ou intérim de - 6 mois, contrat aidé hors SIAE)	9	17	14	9,00	17,00
Sorties vers l'emploi durable (CDI, CDD ou intérim de plus de 6 mois, création ou reprise d'activités)	9	11	11	5,00	24,00
Taux de sorties du public concerné par Zest	**11,88%**	**23,67%**	**29,45%**	**17,02%**	**27,39%**

Zest : une coopération *sine qua non* au service des compétences

Forte de ces résultats, la démarche est en cours d'essaimage sur d'autres filières en Occitanie. Les chiffres présentés plus haut attestent de l'efficience du dispositif : le nombre de bénéficiaires progresse, signe d'une reconnaissance institutionnelle et professionnelle de la démarche. Les acteurs engagés ont appris à se faire confiance et à stabiliser leurs coopérations, d'où une évolution progressive des heures travaillées.

Pourtant, le déploiement de la méthode Zest a connu des difficultés avant de devenir opérationnelle. Dans certaines régions, Zest semble peiner à produire les effets escomptés lorsqu'on interroge les adhérents. Deux hypothèses semblent l'expliquer et toutes deux sont étroitement liées à l'imbrication des cinq niveaux de coopération vus précédemment. D'une part, des offres d'emploi étaient disponibles, mais les SIAE n'avaient pas les compétences à proposer pour y répondre : la formation est essentielle à la démarche. Sans une coopération étroite et réciproque entre fédérations, OPCO et SPE, le fonctionnement peut rapidement se transformer en plateforme visant à répondre ponctuellement au besoin par le transfert de la personne, témoignage d'une absence d'anticipation des besoins et donc d'une rupture avec les stratégies de coopération pourtant essentielles à la démarche. Les compétences se travaillent dans le parcours et la sollicitation ponctuelle, sans stratégie concertée, permet plus difficilement de répondre aux besoins des entreprises d'un secteur très particulier. D'autre part, le rapprochement avec la filière n'a parfois pas rencontré le succès escompté auprès des TPE localement, interdisant toute coopération entre SIAE et TPE-PME. En effet, la coopération entre fédération de l'IAE et fédération d'une filière ne garantit en rien l'effectivité de coopérations locales entre acteurs.

En Occitanie, en Normandie ou en Bretagne, la démarche Zest Hôtellerie-restauration a permis au collectif de SIAE engagé dans la démarche de se rapprocher des entreprises et a pu être dupliquée valablement à d'autres filières, telles que le BTP par exemple. À travers la méthode, Zest a favorisé l'émergence d'une pensée filière et permis de considérer que l'accès à des métiers habituellement peu visés par l'insertion est possible. Indépendamment de la qualité de service associée, c'est essentiellement la relation entre organisations qui est la plus complexe à mettre en œuvre, notamment en raison de l'égaillement des structures économiques constituant la filière[110].

LA FILIERE STRUCTUREE AUTOUR D'UN PETIT NOMBRE D'ACTEURS AUX TAILLES IMPORTANTES : PARCOURS GARDIENS,

Fruit d'un partenariat établi dans la confiance entre l'Union Sociale de l'Habitat, les organismes de formation et les Structures d'Insertion localement, le dispositif Parcours Gardiens ne nait pas par hasard. L'histoire de cette méthode, s'écrit par la coopération établie autour de valeurs communes.

Les bailleurs sociaux s'inscrivent dans une longue histoire d'action sociale à destination des personnes en situation de précarité. Des premières actions liées à l'habitat ouvrier aux recrutements actuels des conseillers sociaux et familiaux en passant par la naissance du droit au logement ou l'intervention de chargés de missions insertion, l'enracinement de valeurs partagées avec les structures de charité puis d'insertion par l'activité économique a créé le terreau d'innovations basées sur la coopération telles que Parcours Gardiens.

L'émergence d'un modèle

Sous l'impulsion d'Interm'Aide, Association Intermédiaire ayant développé un projet associatif à destination des habitants du quartier prioritaire des Hauts-de-Rouen, la recherche de sorties de parcours en formation s'est évidemment tournée vers l'activité des bailleurs sociaux. Au début des années 2000, l'Association Intermédiaire a développé un premier partenariat avec l'AFPA et les bailleurs sociaux en ce sens. L'objectif était de mettre en place des formations diplômantes sur le métier de gardien d'immeuble en réponse aux besoins des bailleurs sociaux, à la nécessité d'accélérer les sorties IAE vers des emplois de qualité – mais en pleine mutation – et d'agir sur un territoire où les logements sociaux sont particulièrement nombreux et les enjeux de cohésion sociale et de non emploi sont plus prégnants qu'ailleurs.

Le lent mouvement de régionalisation auquel l'AFPA a été confronté a progressivement fait disparaître les financements dédiés à cette action, contraignant Interm'Aide et les bailleurs sociaux à envisager une refonte du dispositif dans son périmètre de coopération, dans sa méthodologie et dans son ingénierie financière. À partir de 2010, l'enjeu de l'adaptation aux besoins individualisés des personnes et des bailleurs sociaux a permis de réviser la méthode. C'est ainsi qu'est né Parcours Gardiens. La première cohorte de candidats fut accueillie sur ce nouveau modèle en 2012.

La même année, Unis Vers l'Emploi, à Villeurbanne, a initié un projet similaire. L'élaboration de parcours adaptés aux métiers recherchés par les bailleurs a été permise grâce à un partenariat fort avec les bailleurs sociaux[111]. Ces derniers favorisaient ainsi l'intégration de personnes en parcours au sein de leurs organisations et la mise en œuvre de formations pré-qualifiantes.

---

[110] Assemblée Générale COORACE Bretagne, 23 mai 2019. Propos recueillis auprès de Patrick ROULLE, Président COORACE Bretagne et membre du Conseil d'Administration COORACE.

[111] Plus d'informations sur le site : http://www.unis-vers-emploi.com/parcours/parcours-gardien/

Le lien étroit entre SIAE et bailleurs sociaux peut s'appuyer sur des valeurs proches, voire communes. Cette dimension favorise l'installation de liens de coopérations entre organisations dans le temps.

Méthode

Sur base d'une méthode accompagnée par Coorace et l'Agence Nouvelle des Solidarités Actives, ce dispositif porté par Unis Vers l'Emploi et Interm'Aide Emploi a pu être essaimé dès 2016 sur plusieurs territoires de France. L'enjeu de capitalisation des bénéfices partagés entre toutes les parties prenantes, généralement implantées au cœur – ou à proximité – des quartiers, était l'un des ciments de cette démarche.

À Rouen, la méthode implique la mise en œuvre de formations pour l'obtention du titre de gardien d'immeuble et s'appuie notamment sur les étapes suivantes[112] :

- Etablissement des relations partenariales entre les parties prenantes ;
- Recrutement (Méthode de Recrutement par Simulation, MRS) en partenariat avec Pôle Emploi ;
- Mise en œuvre d'une formation dont le cahier des charges est enrichi des besoins et impératifs fixés par les bailleurs sociaux et l'Association intermédiaire ;
- Missions de travail en parallèle de la formation afin de faciliter la montée en expérience, de nourrir la formation de cas d'études concrets auprès des bailleurs sociaux ;
- Examen pour l'obtention du titre de gardien pour accompagnement des publics titulaires.

Positionnée sur des parcours itératifs, Unis vers l'Emploi croise quant-à-elle mise en situation de travail et formations pré-qualifiantes. L'opportunité récente des contrats de professionnalisation en AI lui a offert la possibilité d'évoluer vers un dispositif qualifiant en 2020, proche de celui d'Interm'Aide Emploi.

Les limites de l'essaimage : la coopération ne se décrète pas

Jusqu'en 2018, le recours au contrat de professionnalisation n'était pas possible en Association Intermédiaire *a priori*. La Direccte de Seine-Maritime s'est donc investie pour accompagner le projet et permettre sa mise en œuvre au sein de l'Association Interm'Aide, sans pour autant qu'il soit possible de l'intégrer à l'activité conventionnée d'Association intermédiaire, c'est-à-dire sans aide au poste. Ainsi le dispositif s'est appuyé sur un accompagnement autofinancé par Interm'Aide. La formation, quant-à-elle, s'est appuyée sur un financement croisé entre l'OPCA Agefos-PME et la Région Haute-Normandie à plusieurs reprises. À l'instar de Zest, la dimension coopérative entre SIAE, SPE, OPCO et services déconcentrés de l'État est indispensable à la faisabilité d'une telle innovation.

D'autres freins potentiels ont pu être identifiés dans le cadre de l'accompagnement par l'ANSA[113]. Dans le rapport final sur l'expérimentation publiée par cette institution, il apparaît que certaines SIAE se sont heurtées à l'absence d'intérêt des bailleurs du territoire malgré l'existence d'une convention nationale entre l'Union Sociale pour l'Habitat (USH) et Coorace (ex. Actif et Dynamic à Caen). D'autres ont été confrontées à un faible soutien de la Direccte départementale (ex. Tremplin Aider à Dunkerque) ou encore à une concurrence

---

[112] ANSA, Guide méthodologique « Parcours Gardiens », 20 pages
[113] Agence Nouvelle des Solidarités Actives, 2017

entre SIAE d'un même territoire contactant séparément un même bailleur social. Avec la difficulté des financements de formation, l'implication des différentes parties prenantes (bailleurs sociaux, Direccte dans les départements, service public de l'emploi, OPCO, financeurs publics) constitue la première condition de faisabilité du dispositif. À nouveau, les cinq dimensions de la coopération évoquées pour Zest (p. 57) doivent être garanties par un respect strict des conditions de la coopération (voyez le chapitre premier, p. 19) sans quoi le risque d'échec est important.

Après plusieurs années de travaux locaux visant l'adaptation des moyens à mobiliser au cadre du conventionnement de la SIAE, les Associations Intermédiaires se sont vues reconnaître la possibilité du contrat de professionnalisation dans le cadre du parcours d'insertion en 2018[114].

Résultats

Depuis l'émergence du modèle Parcours Gardiens et la mobilisation des contrats de professionnalisation, les sorties en emploi des publics bénéficiaires sont systématiquement importantes. Au terme d'une année de parcours, plus de 90 % des personnes obtiennent le diplôme de gardien d'immeuble et environ 70 % ont obtenu un emploi en CDD de longue durée ou en CDI dès la remise du diplôme (Tableau 4). La plupart de ces contrats sont évoqués avant même les résultats d'examen. Un suivi sur une plus longue durée après l'obtention du titre permettrait de mesurer plus en détail l'importance de ces sorties, dont l'accès à l'emploi six mois après la sortie du dispositif avoisine les 100 %. Ce constat est similaire à Villeurbanne. En outre, les bailleurs sociaux et les SIAE favorisent la mobilité géographique grâce aux contrats de professionnalisation et contribuent à l'emploi dans les quartiers.

Tableau 4. Suivi des bénéficiaires du dispositif Parcours Gardiens par le GES Interm'Aide

Source : tableau de suivi réalisé par Frédéric Monville, coordonnateur du dispositif

	2013/2014	2015/2016	2016/2017	2018/2019 (bilan à 3 mois)
Effectif total	12	12	13	14
Diplômés en fin de session	12 (100 %)	12 (100 %)	12 (92 %)	13 (93 %)
Mesure d'impact emploi après obtention du diplôme				
Insertion en CDI	6 (50 %)	9 (75 %)	8 (61 %)	8 (57 %)
Insertion en CDD	2 (12 %)	1 (6 %)	1 (8 %)	2 (14 %)
Mesure d'impact QPV				
habitant en ZUS (à la signature du contrat Pro)	4	3	9	5
Travaillant en ZUS pendant le contrat Pro	6	3	6	5
Travaillant en ZUS à l'issue de contrat Pro	1	3	5	-

Si l'essaimage a connu un succès mitigé en raisons des freins évoqués précédemment, certaines SIAE ont su développer des partenariats pérennes avec

---

[114] *LOI n° 2018-771 du 5 septembre 2018 pour la liberté de choisir son avenir professionnel*, 2018

les bailleurs sociaux de leurs territoires. C'est le cas du PoleS, qui créa un ACI spécialisé sur les métiers des bailleurs sociaux dès 2009. La méthode développée au sein de l'ACI a permis à plus de 160 demandeurs d'emploi de bénéficier de parcours qualifiants avec le même succès dans le cadre de parcours itératifs[115].

Vita Air ou l'exemple d'une GPECT au benefice de l'insertion

Les travaux réalisés dans le cadre du projet VITA (page 33) ont notamment donné naissance à la « démarche VITA AIR ». L'objectif de cette démarche est :

> « de contribuer à la sécurisation des parcours professionnels en travaillant à une meilleure adéquation entre emplois offerts (par les salariés en insertion) et savoir-faire requis (par le secteur marchand) par un accompagnement rapproché des travailleurs »[116].

Emergence du modèle

Comme pour Zest et Parcours gardiens, la méthodologie a été accompagnée par Coorace et l'ANSA dans un but de capitalisation et d'essaimage. À la fin des années 2000, Air Services, située à Parthenay (Deux-Sèvres), a développé une offre de services dont l'objectif est de répondre aux attentes des acteurs économiques par une meilleure définition des tâches associées aux compétences attendues[117].

Comme pour les environnements ayant fait naître Zest ou Parcours Gardiens, Vita Air s'appuie sur plusieurs constats. D'une part, certaines entreprises peinent à recruter en raisons de critères à l'embauche trop élevés ; d'autre part, les salariés en parcours recherchent un emploi mais ne peuvent s'engager dans des processus sur-qualifiants. Pour y parvenir, Air Services a donc

> « proposé à des entreprises de son secteur de réaliser gratuitement un examen approfondi de leurs conditions de fonctionnement, principalement au niveau des ressources humaines et de leur en présenter les résultats[118] ».

Ce diagnostic est le point de départ de la construction d'une offre de services établie en coopération entre la SIAE et la TPE-PME bénéficiaire. Ici, la démarche est multisectorielle implique une animation forte de la SIAE à l'égard de l'ensemble des entreprises de son territoire. Les coopérations fédérales ont, par conséquent, un rôle plus limité dans la réussite de cette méthode.

Méthode

La méthode dont dispose la SIAE s'appuie essentiellement sur un « changement de posture ». À l'instar des principes posés par la démarche Vita et le référentiel DTS (pages 33 et 34) ou de la qualité (pages 44 et suivantes), il s'agit de prendre le pouls du territoire en s'impliquant plus fortement dans un système de coopérations entre acteurs, d'une part, et en étant attentif aux besoins des

---

[115] Plus d'informations sur le site : http://lepoles.org/formation-gardien-dimmeuble/
[116] Voyez la fiche de présentation de Vita Air par Coorace et Air Services : http://www.coorace.org/sites/www.coorace.org/files/presentation_vita_air_2.pdf
[117] Agence Nouvelle des Solidarités Actives, 2017b
[118] http://www.coorace.org/sites/www.coorace.org/files/presentation_vita_air_2.pdf

entreprises et proactif sur les réponses à leur apporter d'autre part. Formellement, il s'agit de nouer des relations de confiance avec les entreprises du territoire afin de :
- Réaliser un diagnostic de l'entreprise, et notamment des postes en tension et les difficultés rencontrées dans la chaîne de production. Dans ce cadre, les compétences nécessaires au processus de production sont décrites de manière fine et détaillée afin d'aller au-delà d'une description par savoirs et savoirs faire ;
- Sur base de ce diagnostic, l'identification des salariés en parcours et demandeurs d'emplois répondant aux besoins de l'entreprise a lieu. Il s'agit notamment de repérer les tâches maîtrisées par la personne correspondant aux tâches attendues.

Proche de la méthode IOD[119], dont l'objet est de travailler à un accompagnement des demandeurs d'emplois et des entreprises dans la définition de leurs besoins respectifs, Vita Air prend en compte la dimension organisationnelle de l'entreprise de manière plus fine. Il s'agit à la fois d'identifier l'organisation de la TPE-PME pour permettre aux salariés permanents de se spécialiser sur leur cœur de métier en évitant les tâches secondaires et de les organiser pour les proposer à des publics IAE. La méthode, si elle permet d'affiner le besoin RH d'une manière assez proche de Zest ou de Parcours, peut ainsi contribuer à alléger des tâches moins qualifiées les temps de travail des salariés permanents. La définition de profils aux compétences moins développées est dès lors possible. Cela garantit une maîtrise de la productivité au sein de la TPE-PEM ainsi qu'une action décisive de cette dernière contre le chômage via la coopération avec la SIAE. *In fine,* la méthode permet de :

> « valoriser les compétences des demandeurs d'emplois peu qualifiés mais possédant des compétences avérées ».

En outre, une meilleure identification des besoins des salariés et des clients, notamment des tâches précises (analysées de manière extrêmement fine) propres à chaque poste de travail étudié, permettent de développer des stratégies individuelles co-construites avec l'entreprise en termes de mise en situation de travail et de formation à forte plus-value. La coopération se pense donc localement et s'appuie sur un lien de confiance entre la SIAE et l'entreprise. Elle est permise par une reconnaissance et une légitimité reconnue de la SIAE par les entreprises de son territoire. Cette condition est essentielle pour atteindre les objectifs de diagnostics identifiés dans la première séquence de travail avec l'entreprise. Le leadership (p. 45) facilite l'initiation et le développement de coopérations multiples avec une diversité d'entreprises autant que leur entretien dans la réciprocité grâce à une animation de l'ensemble des acteurs économiques et sociaux du territoire. Enfin, l'implication de diverses compétences au sein de la SIAE, depuis le diagnostic jusqu'à la présentation de profils, induit une coopération renforcée des équipes dans une démarche d'amélioration continue.

---

[119] Jean-Marc Lafitte et Francis Valls ont expérimenté la méthode et développé la marque IOD en Gironde au milieu des années 1980. Pour plus d'informations, voyez : https://transfer-iod.org/public/la-methode-iod/

Résultats et perspectives

La méthode Vita Air a un impact fort sur l'organisation de toute SIAE qui s'en empare. S'il est nécessaire que des postes soient identifiés en interne pour développer la méthode et la mettre en pratique auprès des entreprises du territoire, il est tout aussi essentiel de clarifier le projet de la SIAE, d'assurer une bonne communication et une démarche d'amélioration continue pour l'installer dans le temps. Les démarches CAP et Cèdre-ISO9001 sont à ce titre indispensables pour garantir le succès de la démarche (Chapitre 3, p. 44).

Chaque fois que ces prérequis sont respectés, Vita Air a permis de dynamiser les relations de la SIAE avec les acteurs de son territoire. Ainsi, Air Services a proposé ses services à une cinquantaine d'entreprises moins de 5 ans après le lancement de la méthode. Ces relations ont bénéficié à plus de 250 salariés, dont les deux tiers ont trouvé un emploi durable en sortie de parcours[120].

La méthode a également su convaincre bien des acteurs de l'emploi et de l'insertion. En effet, une expérimentation « médiation dans l'emploi », financée par la DGEFP, a été pilotée par la FAS sur le même objet. Cette expérimentation a donné naissance à nouvelle méthode d'accompagnement : Sève[121], dont l'enjeu, laissant une moindre place au conseil en entreprise, est de :

> « multiplier les contacts entre entreprises et personnes en recherche d'emploi en développant les mises en situation et les mises en relation ;
>
> faire évoluer les pratiques habituelles de recrutement des entreprises (type CV, LM) – souvent défavorables aux personnes en insertion et inefficaces pour l'entreprise – en proposant des rencontres directes et des mises en situation sur poste de travail ;
>
> sécuriser les embauches et assurer un suivi dans l'emploi auprès des employeurs et des salarié.es. »

Certaines SIAE ont développé des logiques proches de telles démarches. C'est le cas de Déclic, située à Saint-Nicolas-de-Redon, qui a su construire un partenariat avec une entreprise de cosmétiques et, sur base de métiers développés en ACI, prépare les recrutements à venir de l'entreprise tout en répondant à un besoin de production. D'autres SIAE peuvent également être citées, comme ADS Emploi à Saint-André-de-l'Eure, le Groupe Archer à Romans-sur-Isère, le Groupe Alise à Mauges-sur-Loire ou, plus largement, du collectif « Mauges pour l'emploi ». Ces organisations ont développé des activités en partenariat avec des sous-traitants de l'industrie automobile, de la logistique, de l'énergie, *etc.*

COOPÉRATION ET MARCHÉS PUBLICS

Les coopérations entre SIAE et entreprises développées par Zest, Parcours ou Vita Air ont été vues sous l'angle de la recherche de solutions en termes de recrutement et de lutte contre le chômage. Depuis les années 1990 au moins, et au-delà des ambitions d'emploi, les coopérations entre entreprises lucratives et

---

[120] Voyez le site : http://www.coorace.org/actualites/visite-apprenante-pour-d%C3%A9couvrir-l%E2%80%99offre-services-rh-destination-employeurs-territoire

[121] Voyez le site : http://www.seve-emploi.com/la-mediation-active/

non lucratives se développent en France et plus généralement dans le monde[122]. Pour les ancrer dans le temps, le développement d'activités basées sur la confiance, la réciprocité et la co-construction ainsi que la légitimation de chacune des parties prenantes est indispensable. Pourtant, des contradictions existent dans ces interrelations. Des incompréhensions ou différences de vues en termes de buts ou de stratégies, de gouvernance, de responsabilité, de communication entre des organisations aux tailles et structurations très différentes, ou plus spécifiquement de transparence et de confiance, peuvent apparaître[123].

Un levier pour les coopérations ?

Appliquées aux coopérations à but d'emploi, de telles tensions peuvent contrarier l'ambition initiale visant à dynamiser les passerelles vers les entreprises. Comme le rappelle Philippe Semenowicz, la littérature anglo-saxonne s'étant intéressée à cette question au cours des dernières décennies semble assez pessimiste :

> « Bien qu'elles mettent l'accent sur les potentialités liées aux collaborations, les analyses fonctionnalistes laissent voir que celles-ci ne relèvent que rarement d'une réelle coopération entre organisations à but lucratif et organisations sans but lucratif. L'interaction se limite le plus souvent à une simple coordination entre des organisations poursuivant de manière isolée leur intérêt propre. Ce constat est accentué par les analyses dialectiques qui soulignent que ces collaborations peuvent fréquemment passer sous le contrôle exclusif des organisations à but lucratif. Les considérations économiques tendent alors à supplanter la dimension sociale qui aurait pu constituer l'objectif partagé. Le constat d'ensemble est finalement très pessimiste quant à la possibilité d'une « régulation coopérative par les règles communes entre des membres associés » (Defalvard, 2013, p. 77)[124]. »

Si certaines dynamiques territoriales, initiées par des SIAE, s'avèrent productives en termes de coopérations, un autre levier d'action pour les développer plus largement et les pérenniser dans le temps peut être la commande publique responsable. Peu d'études prennent en compte le cadre institutionnel pouvant encadrer, renforcer et pérenniser ces coopérations :

> « On peut pourtant supposer que ceux-ci sont susceptibles d'influer sur la nature des relations s'établissant entre organisations à but lucratif et sans but lucratif, notamment via le droit. Par exemple, l'introduction des clauses sociales dans les marchés publics favorise l'établissement de relations entre structures d'insertion par l'activité économique et entreprises commerciales. Cet aspect des collaborations mérite selon nous davantage d'approfondissements. »

Les clauses sociales constituent un levier d'action incontournable dans la lutte contre le chômage. Ces clauses se caractérisent le plus souvent par un engagement d'heures d'insertion que l'entreprise attributaire du marché visé se

---
[122] Di Domenico et al., 2009, p. 888
[123] Di Domenico et al., 2009
[124] Semenowicz, 2014

doit de réaliser au titre de l'insertion des personnes éloignées de l'emploi. Elle peut également relever d'un recours à un marché réservé aux structures de l'IAE ou du handicap depuis 2015.

Bien que décriées par certaines fédérations professionnelles lors de leurs premières mobilisations en France dans les années 1990, elles s'invitent dans le Code des Marchés Publics en 2001[125]. En 2005, elles ont connu un regain d'intérêt dans le cadre de l'Agence nationale de renouvellement urbain. Sous l'impulsion de Jean-Louis Borloo, tout marché de rénovation s'est alors vu imposer une partie des travaux à réaliser *via* l'embauche d'habitants des quartiers rénovés[126].

La mobilisation des clauses d'insertion n'a cessé de progresser. Ainsi, le nombre d'ETP en insertion est passé de 1 872 en 2011 à 9 607 en 2018. Cependant, la Cour des Comptes constate une relative faiblesse du recours à ce levier d'insertion[127]. Les clauses ne concernent que 11,5 % des marchés publics français en 2016. La même année, la part des marchés dits « clausés » dans les marchés publics supérieurs à 90 000 € HT était de 8,6 %, contre 1,9 % en 2011[128]. Rappelons que les marchés publics, toutes institutions publiques confondues, ont atteint 87,5 milliards d'€ de commande en 2018[129], contre plus de 70 milliards au début des années 2010. Les collectivités territoriales, EPCI ainsi que les bailleurs sociaux sont les acteurs les plus actifs dans l'usage des clauses sociales.

Résultats

Les clauses d'insertion contribuent au retour à l'emploi de publics qui en sont éloignés. Dans une enquête réalisée par Havet et al., sept bénéficiaires de clauses sur huit avaient trouvé au moins un emploi entre leur sortie du dispositif et l'enquête. Plus généralement, Alliance Villes Emploi précise que :

> A 6 mois, au moins 51% du public ayant bénéficié de la clause est en emploi ou en formation. Le dispositif des clauses sociales est pertinent et efficient dans sa capacité à intégrer les participants dans les parcours d'insertion, à maintenir en situation active une grande majorité de ses participants et permettre l'accès et le maintien dans l'emploi durable[130].

Ces résultats sont le fait de coopérations entre différents acteurs de l'emploi, de l'insertion et de l'entrepreneuriat. Les clauses d'insertion mobilisent une diversité d'acteurs qui tous doivent coopérer pour la réalisation du marché. De fait, une majorité d'engagements sont exécutés à l'appui des SIAE. Ainsi, le recours à la mise à disposition par Contrats de Travail Temporaire d'Insertion s'élevait à 25,4 % des réalisations en 2018. L'appui des Contrats à Durée Déterminée d'Insertion (CDDI) *via* la sous-traitance s'élevait pour sa part à 22,4 % la même année[131]. Ainsi, les institutions publiques contribuent à la mise en relation des entreprises et des SIAE. Chemin faisant, cette mise en relation évolue d'une

---

[125] Havet et al., 2016
[126] Baules and Chevigny, 2013 ; Semenowicz, 2017, p. 62
[127] *L'insertion des chômeurs par l'activité économique : une politique à conforter*, 2019
[128] DGEFP, 2018, p. 9; Havet et al., 2016, p. 123
[129] Beurey, 2020
[130] Alliance Villes Emploi, 2020
[131] Alliance Villes Emploi, 2020, p. 33

logique commerciale (l'entreprise est cliente de la SIAE) à une logique plus partenariale au bénéfice du parcours des personnes. Cela se traduit de multiples façons. Elle s'appuie sur une communication entre les deux organisations afin de réaliser des points réguliers sur la situation du bénéficiaire dans le cadre de la mise en situation professionnelle. Elle peut aussi évoluer vers une collaboration plus pérenne puisque de nombreuses entreprises dépassent leur engagement d'insertion prévu par le marché.[132]

Les marchés publics contraignent à l'émergence d'une relation. Ainsi contribuent-ils à donner une visibilité aux SIAE. Toute coopération réussie dans ce cadre conforte la légitimité des SIAE auprès des entreprises clientes et favorise l'établissement d'une relation de confiance : la connaissance des acteurs entre eux étant facilitateur de coopération (Chapitre premier, p. 19). En outre, les clauses ont également influencé les politiques de Responsabilité Sociétale des Entreprises dans leur lien à l'IAE. Ainsi, Vinci Insertion Emploi (Vie) a été créé en 2011 avec pour objectif d'accompagner les entreprises dans leurs politiques d'emploi et d'insertion. Il en va de même pour l'Alliance Dynamique de la Poste, *etc.*

L'émergence des marchés réservés IAE : un laboratoire de compétences ?

Par-delà le rapport à l'entreprise, le rapprochement entre SIAE et collectivités peut également prendre d'autres formes que la seule clause sociale. Le recours aux marchés réservés en atteste, avec une part de plus en plus importante de marchés réalisés directement par des SIAE. Ces engagements permettent aux SIAE de travailler à des parcours personnalisés croisant accompagnement, formation et mise en situation de travail pendant la durée d'exécution du marché. En proposant des volumes d'heures généralement plus importants et gérés par la SIAE, les bénéficiaires disposent ainsi de périodes de montées en charges et de temps de travail adaptés sur la durée.

Ce type de démarche, bien qu'il soit encore marginal, tend à se développer et se traduit par de véritables succès en termes de parcours. Ainsi, un marché réservé pour le remplacement des personnels absents au sein des collèges du Département du Calvados permet, depuis juin 2019, de tenir des engagements quantitatifs et qualitatifs à destination des publics privés d'emploi. Les parcours se traduisent par des sorties en emploi importantes quantitativement : en six mois, 10 des 36 salariés bénéficiaires avaient retrouvés un emploi de type CDD ou CDI et 11 avaient bénéficié d'une formation[133]. À côté de ce nouveau type de marché visant le remplacement de personnels absents, d'autres types de marchés réservés existent, ayant trait notamment à une prestation de services de type nettoyage, second œuvre du bâtiment ou espaces verts. Des démarches analogues existent à présent en Bretagne, en Occitanie, dans les Hauts-de-France et dans bien d'autres régions. Néanmoins, les formes de coopération par des groupements momentanés d'entreprise restent relativement faibles à l'échelle du réseau (3,4 % des structures sondés dans le cadre de l'enquête).

---

[132] "Les clauses sociales dans la commande publique : un impact social réel," 2012
[133] Documents de suivi Coorace Normandie, 2020

Conclusion : une evolution des modeles economiques

Quel que soit le dispositif ou la méthodologie visée, les coopérations d'acteurs inscrits dans un système complexe sont un catalyseur indispensable pour la réussite de chacun des dispositifs. La diversité des acteurs impose des coopérations croisées à différentes échelles, du fédéral au local. Il s'agit notamment de développer une communication et des diagnostics partagés, de concevoir une offre de services dont l'accès est facilité par chacun (et non par un seul), mais aussi de mutualiser des moyens financiers et techniques. Vita Air, Zest ou Parcours s'appuient sur les principes DTS de coopération, de co-construction, de transversalité, de décloisonnement, de vision stratégique, de prospective, de représentation et participation des salariés (Chapitre 2, p. 34). Chacun de ces dispositifs est assez proche des autres en termes de méthodologies associées au développement des coopérations. Leur singularité tient à la définition de périmètres de coopérations, tant dans l'identité des acteurs associés que dans leur distribution ou périmètre d'action géographique. Ces démarches ont abouti à des accords nationaux entre Coorace et de nombreuses filières professionnelles ou des grandes entreprises (La Poste, ERDF, *etc.*). Enfin, dans un contexte de recherche des innovations sociales susceptibles de répondre aux problématiques du chômage ou des tensions de recrutement, les marchés publics jouent un rôle de déclencheur potentiel des coopérations avec les entreprises.

Ces méthodologies se sont diffusées. Au cours des dix dernières années, une évolution structurelle du modèle économique développé par les SIAE en atteste. L'exemple des AI en témoigne (Figure 6). Les 17 AI pour lesquelles les données des observatoires Coorace Normandie sont disponibles entre 2008 et 2018 connaissent une mutation de leurs modèles économiques. La part du chiffre d'affaires réalisé auprès des particuliers a proportionnellement diminué de près de 15 % tandis que celle réalisée auprès des collectivités a fortement progressé, passant de 25 % à 35 % sur la même période. En outre, la part des achats réalisés par des entreprises auprès des AI a augmenté de 5 % alors que les ETTI n'ont cessé de se développer (voyez Chapitre V). Ces résultats apportent la preuve d'une évolution des stratégies de l'IAE et du renforcement des coopérations avec les collectivités et les entreprises selon les principes énoncés précédemment.

Figure 6. Evolution des volumes de vente moyens des AI normandes

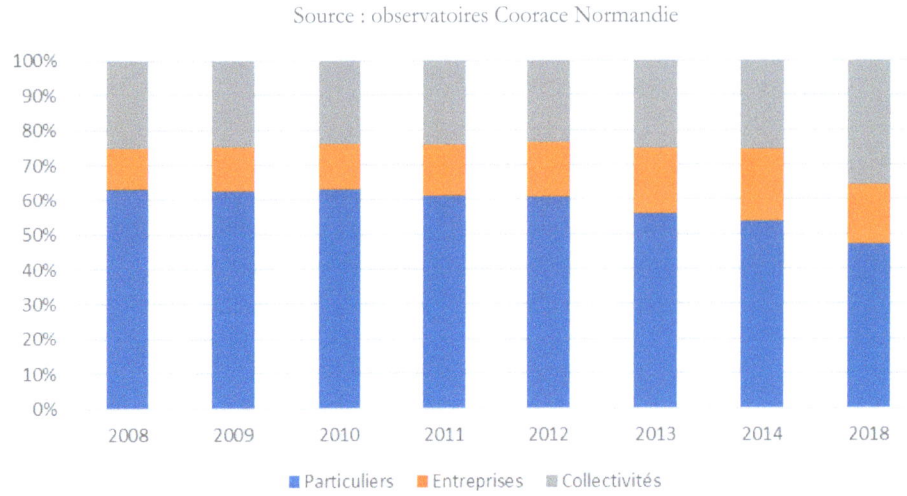

Source : observatoires Coorace Normandie

CHAPITRE V : DE LA COOPERATION CONTRACTUELLE A LA COOPERATION FUSIONNELLE

Le rapport piloté par Jean-Marc Borello, « Donnons-nous les moyens de l'inclusion », publié en 2018, rappelait que « le secteur de l'IAE est relativement éclaté »[134]. La majorité des SIAE sont issues d'initiatives d'acteurs locaux diversifiés (travailleurs sociaux, CHRS, coopérations citoyennes à l'origine de l'émergence d'une association de l'IAE, *etc.*)[135]. Cet éclatement est la résultante d'une histoire dont les racines se trouvent dans les années 1970 (Chapitre 1, p. 25) et constitue à la fois une force : celle de la multiplicité des structures IAE et de leur distribution dans l'espace national (gage d'accessibilité)[136] ; mais aussi une faiblesse : celle du faible nombre de salariés en parcours par SIAE, notamment pour les ACI et les EI, ou d'une capacité économique et financière trop limitée pour soutenir certains projets[137].

Dans les chapitres précédents, le constat d'un environnement économique et social mouvant a été dressé. La dernière décennie est marquée par la crise de 2008-2009 ou encore celle issue de la pandémie de coronavirus en 2020, le développement de la compétition entre SIAE ou avec les entreprises lucratives ainsi que par de profondes mutations dans l'accès aux aides publiques (incertitudes sur l'évolution des financements de fonctionnement et développement des appels à projets). Dans ce contexte, la double exigence de performance, à la fois sociale et économique, se renforce au sein des organisations et dans la politique publique de l'insertion[138]. Le besoin de rationalisation et la définition de stratégies à l'échelle des territoires d'implantation de ces organisations conduit immanquablement à questionner la célèbre maxime : « faire plus avec moins » tout en garantissant un accès au plus grand nombre.

Plusieurs stratégies apparaissent. Certaines organisations ont fait le choix de se spécialiser sur un type d'activité et d'étendre leur rayonnement territorial par « sauts de puces » (créations d'antennes ou de filiales sur des territoires élargis, opportunités de reprises suite à une cession, une liquidation, *etc.*). Pour d'autres, il s'agit de questionner l'objet et le projet pour envisager des coopérations plus poussées avec des organisations proches en termes de valeurs et de positionnement (fusions-absorptions, conventions de partenariats, mutualisation).

---

[134] Borello and Barfety, 2018, p. 39
[135] Semenowicz, 2017, pp. 24 25
[136] Semenowicz, 2017, pp. 24–25 ; voyez également la carte des répondants à l'enquête Coopération 2019, illustrant cette distribution spatiale dans des territoires variés allant du très rural au très urbain (Introduction, p. 15).
[137] *L'insertion des chômeurs par l'activité économique : une politique à conforter*, 2019, p. 49 et suivantes ; DARES, 2020. Le nombre moyen de salariés par type de SIAE était, en 2018, de 26,7 en ACI, 15,6 en EI, 80 en AI et 49 en ETTI.
[138] Battilana et al., 2012

Face à ces constats, Coorace a identifié plusieurs enjeux croisant coopération, changement de taille et effets de seuil :
- le poids du travail administratif est inversement proportionnel à la taille de l'organisation[139] ;
- la visibilité est proportionnelle à la taille de l'organisation le plus souvent ;
- la capacité de réponse aux besoins individuels des personnes accompagnées augmente à mesure que l'organisation se diversifie ;
- la capacité d'accès et de mobilisation des ressources financières et d'initiation de projets importants dépend du poids économique de l'organisation et de sa capacité d'autofinancement ;
- *etc.*

COHERENCES DE PARCOURS : L'EXEMPLE DES COOPERATIONS AI-ETTI

L'exemple du développement des Entreprises de Travail Temporaire d'Insertion (ETTI) portées par les adhérents Coorace en est une bonne illustration. Les ETTI ont été créées au début des années 1990 et répondent au même cadre réglementaire que celui appliqué aux ETT. La création des ETTI a connu un regain d'intérêt à partir de 1998. La loi du 29 juillet 1998, instaurant la limite d'activités en entreprise pour les AI, a contraint ces dernières à évaluer le risque d'une perte de clientèle sur leurs modèles économiques[140]. Cette contrainte s'est parfois transformée en opportunité, notamment pour les AI dont les modèles économiques étaient fortement marqués par la mise à disposition auprès d'entreprises. Ainsi nombre d'ETTI associées à des AI préexistantes virent-elles le jour. Soit l'ETTI s'est créée en complémentarité d'une AI (sous forme associative ou de société), soit l'ETTI a été « capitalisée » par plusieurs AI partenaires lors de la création (sous forme associative le plus souvent). Dans tous les cas, ces initiatives permettaient de diversifier l'offre de services à destination des publics accompagnés et des clients économiques.

Des conventions de partenariat pour assurer les coopérations AI-ETTI

Cette modalité de coopération est, toute coopération confondue, la plus répandue au sein du réseau en 2019 (Figure 7). Elle concerne plus de 42 % des répondants à l'enquête sur les coopérations, et plus particulièrement les GES (62 %) et les ensembliers (48 %). Les structures ne disposant que d'un seul conventionnement IAE ont développé ces types de partenariats dans 31 % des cas. Ce faible nombre s'explique sans doute par une implantation des SIAE dans des territoires moins propices au développement (tissu d'entreprises plus faible) et ne permettant pas de disposer des moyens d'actions nécessaires, tant d'un point de vue humain que financier.

Les relations entre AI et ETTI sont alors encadrées par des conventions spécifiques dont l'objet est de définir les modalités de coopération. Leur portée est donc fonctionnelle. Il s'agit de s'appuyer sur le maillage territorial de l'AI, dont le territoire de conventionnement est limité géographiquement. Cela garantit une relation de proximité tant avec les demandeurs d'emplois qu'avec les salariés ou les clients économiques. La finalité consiste à proposer des

---

[139] Girard, 2015, p. 125
[140] *Décret n°99-109 du 18 février 1999 relatif aux associations intermédiaires ; Loi n° 98-657 du 29 juillet 1998 d'orientation relative à la lutte contre les exclusions*, n.d.

parcours d'insertion cohérents et adaptés aux publics pour lesquels l'AI ne dispose que d'une offre de services limitée par la loi. La coopération entre plusieurs AI permet dès lors de travailler à l'accessibilité d'une offre de services spécifique, celle du travail temporaire. Elle est soutenue par les apports sociaux prévus par la Convention collective du travail temporaire notamment tout en conservant un maillage territorial dense. En effet, l'ETTI mutualisée par des AI s'appuie sur les infrastructures et moyens existants au sein de celles-ci pour se développer. La logique de proximité est donc conservée.

Figure 7. Typologie des coopérations actives au sein des organisations adhérentes Coorace

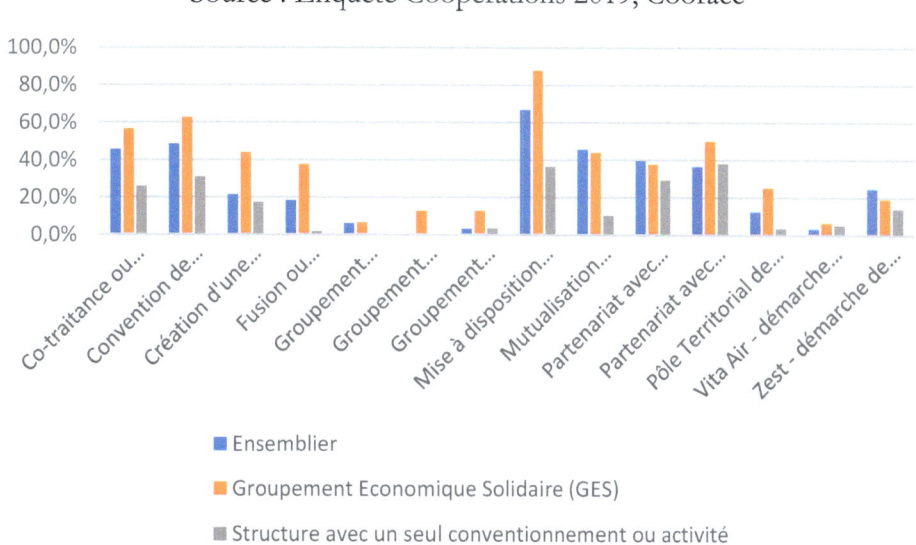

L'émergence d'une ETTI mutualisée s'appuie sur trois modalités de coopérations :

- en termes de placement des salariés en insertion pour la poursuite des parcours desdits salariés ;
- dans le cadre de la gestion et du suivi de la clientèle et des relations commerciales avec les entreprises utilisatrices (les clients) ;
- sur le plan de la gestion des ressources humaines au sein de l'ETTI.

Les règles établies par ces conventions visent à sécuriser la coopération dans le temps, tant d'un point de vue juridique que social, fiscal et organisationnel, à travers la définition d'un mandat. Ce mandat permet à l'AI de représenter commercialement l'ETTI sur son territoire et ainsi d'y entretenir, en qualité de mandataire, la relation commerciale avec les entreprises utilisatrices. Elle garantit aussi le suivi des salariés lors des mises à disposition auprès des entreprises et l'accompagnement des personnes dans leur parcours d'insertion socio-professionnel. Un accord financier équilibré permet de donner les moyens à l'AI d'accomplir ces missions[141]. Ce modèle permet donc de développer une offre de services de travail temporaire d'insertion dans des territoires où le modèle

---

[141] Par l'intermédiaire d'un travail réalisé par Coorace Bretagne, Coorace propose une trame d'accompagnement à la définition de conventions de partenariats AI-ETTI nommé « Trame de convention de partenariat ».

économique d'une ETTI autonome et indépendante ne pourrait que difficilement être atteint.

Les relations de coopération doivent donc s'appuyer sur des interrelations de confiance, des intérêts partagés et un leadership (p. 45) partagé entre l'ETTI et ses représentants au sein des différents territoires.

Des coopérations évolutives

Les ETTI constituées sur la base d'un outil mutualisé entre plusieurs AI évoluent de manière relativement complexe. L'ETTI étant définie par un projet commun, les modifications politico-stratégiques de chaque AI partenaire, le *turn over* de leurs salariés permanents et administrateurs ou encore l'évolution du contexte socio-économique local ont des incidences directes sur le fonctionnement et la performance de ces ETTI. Ainsi, les modalités de coopérations évoluent et contribuent à une remise en question régulière du projet de coopération. Ces évolutions peuvent être motrices d'innovations : adaptation du projet et du fonctionnement de l'ETTI au contexte local. Elles peuvent également comporter quelques risques. Les plus récurrents sont l'émergence d'un sentiment de concurrence entre l'AI et l'ETTI, les divergences de vues en termes de stratégies ou de projet associatif, l'absence d'homogénéité du service rendu aux clients, *etc*. Le point d'achoppement le plus commun réside dans la définition de chaque offre de services dans sa complémentarité à l'autre. À titre d'exemple, certaines AI considèrent que tout début de parcours doit être effectué en son sein avant de déboucher sur un contrat en ETTI ; d'autres considèrent l'offre ETTI comme une offre spécifique aux entreprises et n'envisagent donc aucune passerelle au titre d'une cohérence de parcours, mais un recrutement direct. Chaque positionnement a ses intérêts, mais s'il n'y a pas de position commune, alors la coopération peut vaciller.

Ces tensions dans la maîtrise du projet des ETTI mutualisées conduisent parfois à des situations de rupture des coopérations. C'est le cas pour 45 % des participants à l'enquête sur les coopérations qui indiquent avoir abandonné une convention de partenariat AI/ETTI au cours des 5 dernières années. Contrairement aux structures ne s'appuyant que sur un seul conventionnement (44 %) ou aux ensembliers (31 %), ce taux est particulièrement important pour les GES (70 %). Est-ce l'expression d'une plus grande capacité de création d'ETTI afin de renforcer la cohérence stratégique propre aux GES ? Ce constat peut également être fait pour d'autres types d'organisations. C'est vraisemblablement l'une des explications de la dynamique de création de nouvelles entités juridiques mutualisées entre plusieurs structures. En effet, près de 44 % des GES indiquent avoir créé une structure mutualisée avec d'autres SIAE au cours des 5 dernières années. Ce taux est beaucoup plus faible pour les ensembliers (21 %) et les structures uniques (17 %). Au-delà de ces scissions/créations, l'échec de certaines coopérations AI-ETTI peut aussi être le signe d'une évolution des besoins en termes d'insertion. Les opportunités de travailler avec les entreprises diminuant, certaines structures remettent en cause une convention devenue inopérante. Enfin, des scissions dans les relations de coopération interindividuelles ou inter-organisationnelles peuvent également en être à l'origine pour de multiples raisons : une dégradation des relations interpersonnelles souvent liée à la mobilité des salariés, une remise en cause du – ou absence de – leadership de l'un des membres, un non-respect des termes de la convention lié à un défaut de communication ne permettant pas aux équipes des membres de maîtriser les ambitions, stratégies et obligations de l'ETTI, *etc.*

Afin d'éviter ces écueils, l'inscription des AI et de l'ETTI dans des démarches d'amélioration continue apporte une réelle plus-value. En outre, les ETTI doivent mettre en place des stratégies visant à maîtriser leur projet et le manager dans le temps. À titre d'exemple, ADIS Interim, ETTI située en Bretagne et en Pays-de-la-Loire, remet régulièrement son projet à jour pour manager la coopération avec les AI. La logique de coopération développée à travers le projet stratégique a été portée et incarnée par les créateurs pendant de longues années. Afin d'adapter le fonctionnement de l'ETTI aux réalités des AI, plusieurs typologies de coopérations ont été collectivement définies. Ainsi, des coopérations pérennes existent à côté d'autres coopérations plus ponctuelles, au bénéfice de situations individuelles rencontrées au sein d'AI n'ayant que très peu de liens avec les entreprises de leurs territoires. Dans ce cas, elles s'appuient sur des conventions de partenariat temporaire. Si la diversité peut favoriser l'émergence de visions divergentes entre partenaires, elle constitue aussi une opportunité dont savent se saisir les AI au bénéfice de leurs publics[142].

Depuis quelques années, des modalités de coopérations analogues, liant AI et Entreprise de Travail Temporaire (ETT) ont su se développer dans un certain nombre d'organisations. C'est notamment le cas de Secoana, ETT à vocation sociale sous statut SAS, bénéficiant de l'agrément ESUS, en Ile-de-France. L'ETT-ESS complète ainsi une offre de services AI-ETTI existante en facilitant l'accès à de nouveaux clients, notamment des grands comptes, tout en maintenant un accompagnement adapté aux salariés[143].

Les récentes propositions du Pacte Ambition IAE, dont l'objectif porte notamment sur le développement des ETTI et des heures qui y sont développées, interroge un peu plus encore ces pratiques en tant qu'opportunités pour répondre à des besoins de main d'œuvre en entreprise[144]. Ces incitations, soutenues par l'État, peuvent trouver un écho favorable pour le développement d'ETTI mutualisées mais aussi pour l'émergence d'un outil complémentaire au sein d'ensembliers ou de GES. Le partenariat Coorace-Crédit Coopératif et France Active, visant à faciliter la consolidation du fonds de garantie obligatoire pour l'exercice d'activités de travail temporaire, apporte les moyens aux porteurs de projets de mener à bien leur ambition[145].

LES GROUPEMENTS ECONOMIQUES SOLIDAIRES

L'évolution des questionnements relatifs à l'emploi (emploi, non emploi, emploi précaire), à la pauvreté (en augmentation régulière depuis 30 ans) et aux précarités (évolution des formes de précarités, enkystement, *etc.*) impose de repenser les solutions proposées au sein des territoires de manière permanente. L'impératif de performance économique et d'efficacité sociale propre à la nature hybride des SIAE en dépend.

---

[142] Journée nationale ETTI et ETT-ESS organisée par Coorace, Mardi 28 janvier 2020, Fondation pour le Progrès de l'Homme, Paris.
[143] Journée nationale ETTI et ETT-ESS organisée par Coorace, Mardi 28 janvier 2020, Fondation pour le Progrès de l'Homme, Paris.
[144] CIE, 2019
[145] Plus d'informations sur le FG2I : http://www.coorace.org/page/cr%C3%A9dit-coop%C3%A9ratif. En 2020, le montant minimum de la garantie financière des entreprises de travail temporaire est fixé à 129 239 €.

L'émergence des GES

Depuis longtemps, les organisations à vocation sociale ont su créer des outils dont la finalité est de répondre aux précarités localement. Le cas des Centres d'Hébergement et de Réinsertion Sociale (CHRS) et l'émergence des Centres d'Adaptation à la Vie Active (CAVA) dans les années 1970-1980 en sont une bonne illustration (voyez p. 25). Avec le développement de l'IAE, nombre de SIAE ont ainsi créé des outils complémentaires. Lors de l'enquête sur les coopérations, réalisée auprès des adhérents Coorace en 2019, 45 % des SIAE répondantes étaient des organisations de type ensemblier ou GES, dont la majorité (75 %) avaient pour origine une Association Intermédiaire. Ce résultat est un témoignage de la vitalité des AI dans leur recherche de solutions pour l'emploi localement, mais aussi de leur indépendance économique et financière. Il est aussi l'expression de l'évolution de Coorace depuis plus de 35 ans. En effet, Coorace ayant été créé à l'initiative des premières AI, il est naturel que celles-ci soient surreprésentées au sein du réseau (elles représentent près de 50 % des adhérents).

Au terme de deux décennies d'existence, les ensembliers ont émergé et se sont structurés. Au milieu des années 2000, Coorace s'est investi dans une réflexion visant la structuration des ensembliers dans l'objectif :

> De mutualiser et regrouper les forces à l'échelle du territoire pour peser davantage en termes d'insertion, de lisibilité et de reconnaissance. Il permet également d'améliorer l'efficacité de nos entreprises au service du développement socio-économique et de la création de richesse[146].

Figure 8. Organisations à l'origine des Ensembliers et GES

Source : enquête coopérations 2019, Coorace

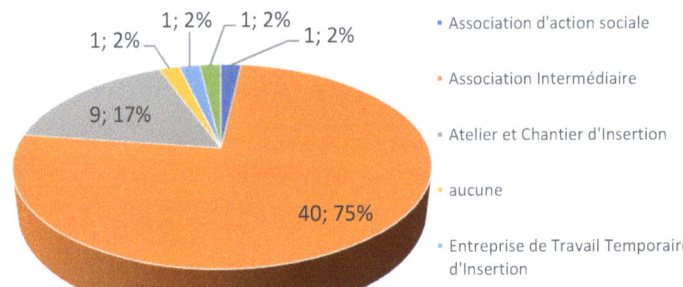

De ces réflexions est né un nouveau type de structuration, dénommé Groupement Economique Solidaire (GES), reconnu par l'article 20 de la loi RSA et politiques d'insertion du 3 décembre 2008 :

> Afin de favoriser la coordination, la complémentarité et le développement économique du territoire et de garantir la continuité des parcours d'insertion, une personne morale de droit privé peut porter ou coordonner une ou plusieurs actions

---

[146] Hanet and Lecluse, 2012a, p. 3

d'insertion telles que visées à la sous-section 1 de la présente section[147].

Trois raisons principales concourent à la constitution d'un GES :
- la mutualisation de moyens ou le besoin de changer d'échelle ;
- l'organisation et la structuration de liens économiques et sociaux entre plusieurs organisations entretenant déjà des relations de coopération ;
- le renforcement de la lisibilité et de la visibilité de l'action des organisations coopérantes.

Les GES ont pour point commun d'être des entreprises ou groupements d'entreprises solidaires constituées de plusieurs structures ou activités liées par un projet collectif de contribution à la création d'activités économiques sur le territoire. Pour cela, chaque GES s'appuie sur cinq critères exigés pour l'adhésion à Coorace :

> « une offre de services coordonnée qui se traduit notamment par une stratégie globale de valorisation et de dynamisation des compétences et des emplois, un mode de gouvernance unique ou unifié, une logique de mutualisation de ressources et de moyens, des moyens et une communication globale[148] ».

À travers ces dimensions de ressources humaines, de mutualisation et d'affirmation d'une identité (communication globale), les notions de valeurs partagées ou de gouvernance unique ou unifiée imposent un fonctionnement démocratique dans l'élaboration de tout débat au sein du Groupement, mais aussi l'instauration de relations réciproques entre ses membres. L'importance du leadership, de la capacité de chaque membre du GES à l'incarner dans ce qui constitue son identité, son projet, est tout aussi capitale. C'est l'un des facteurs clés de réussite.

Renforcer son adaptation au territoire : des modèles GES variés

À l'évidence, la réunion de plusieurs organisations au sein d'une « méta-organisation » a pour effet d'augmenter les capacités d'insertion, tant en termes de diversité que de quantité de parcours. Ainsi 85 % des GES ont développé des activités pour plus de 40 ETP en parcours (Figure 9). Les ensembliers ont développé des volumes relativement moindres. Sans surprises, les structures qui ne disposent que d'un seul conventionnement offrent des opportunités moins importantes quantitativement : plus de 50 % d'entre elles développent moins de 20 ETP. Ce dynamisme se retrouve dans les volumes de chiffres d'affaires développés par catégories d'organisations ainsi que dans le rendement en termes de Chiffres d'Affaires par ETP, supérieur aux autres de plus de 20 % (Tableau 5). Cela a une incidence sur la capacité des GES à financer de nouveaux projets d'insertion, de formation ou de création d'activités par mobilisation de leurs fonds propres.

Il n'existe pas un modèle GES, mais une diversité de formes organisationnelles et structurelles de GES. Chacune ne s'est définie qu'afin de servir un projet et de mener à bien une stratégie. Pour identifier les formes les plus adaptées de

---
[147] *LOI n° 2008-1249 du 1er décembre 2008 généralisant le revenu de solidarité active et réformant les politiques d'insertion*, n.d.
[148] Hanet and Pignal, 2010, fiche I-C-2-a

constitution d'un GES, Coorace a publié trois guides spécifiques[149]. Ils permettent de mesurer que la structuration et l'organisation des GES évolue au gré des mutations économiques, sociales ou juridique, notamment.

> « La notion de « groupe économique solidaire » est souvent utilisée pour désigner un ensemble de structures, à statut associatif ou commercial, aux personnalités morales différentes, entretenant des liens de collaboration à différents niveaux en fonction du degré d'intégration. Cette collaboration peut s'exercer au niveau de l'organisation et de la gestion, au niveau économique et financier, et aller jusqu'à une logique d'intégration dans un groupe coiffé par une holding[150] ».

Figure 9. Nombre d'ETP en parcours par typologie d'organisation en 2018

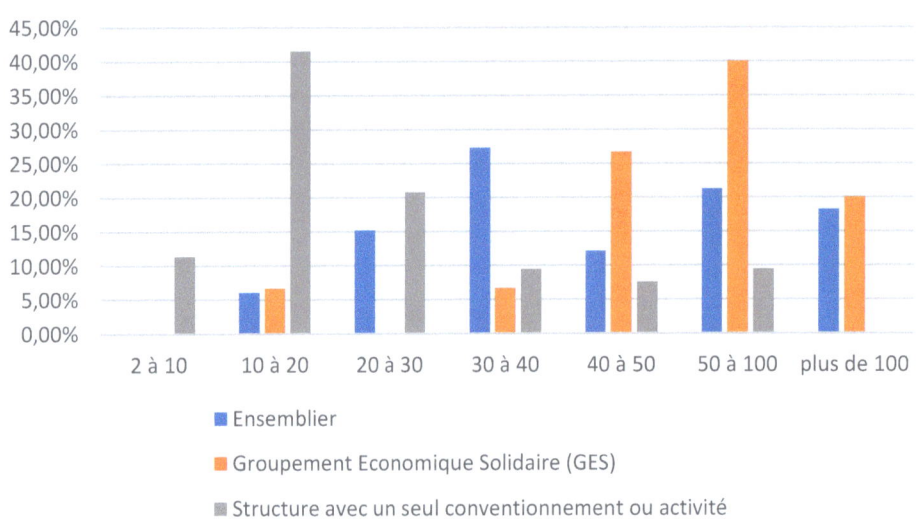

Tableau 5. Analyse comparée des rendements en termes de chiffres d'affaires moyens par ETP réalisé en 2018

	CA	ETP Parcours	Rendement
Ensemblier	76 068 203,00	2 484,41	30 618,22
Groupement Economique Solidaire (GES)	40 394 712,00	1 068,05	37 820,99
Structure avec un seul conventionnement ou activité	38 123 736,15	1 280,06	29 782,77
Total général	154 586 651,15	4 832,52	31 988,83

Le raisonnement qui préside à la gestion des GES consiste avant tout à connaître et maîtriser les forces et les faiblesses induites par l'organisation existante, tant du point de vue du parcours que du développement économique, des coopérations entre acteurs du territoire ou de la structuration juridique sociale et fiscale. Partant de là, une analyse des risques est menée de manière minutieuse et partagée. Ainsi, les plus-values recherchées à travers ces structurations sont de plusieurs ordres :

---

[149] Hanet and Lecluse, 2012a, 2012b, 2012c
[150] Hanet and Lecluse, 2012a, p. 8

- une pérennisation des SIAE et des structures par un meilleur accès aux ressources (vente, subvention, échanges de services, *etc.*) ;
- des parcours d'insertion permettant aux personnes de profiter de l'ensemble des services du GES (passage d'une organisation à l'autre, expériences de divers métiers, *etc.*) ;
- un développement d'activités diversifiées et complémentaires répondant aux besoins du territoire et des demandeurs d'emploi (besoins en termes de services et besoins de recrutement) ;
- une meilleure animation des territoires par un renforcement de la légitimité et de la visibilité (consolidation et développement des coopérations avec les acteurs du territoire) ;
- une mutualisation de moyens humains, matériels et financiers (fonctions supports, capacités d'investissement, *etc.*)[151]

La coopération à l'épreuve de la fiscalité

Les GES sont variés, potentiellement composés d'une diversité d'organisations juridiques : associations non fiscalisées ou fiscalisées, SA, SAS, SASU, SARL, SCOP, SCIC, SCI. Dans ce contexte, les obligations fiscales des associations ont des incidences sur les relations des organisations membres d'un « ensemblier d'insertion ». Selon que chaque composante soit soumise aux impôts commerciaux ou non[152] et que la gestion soit désintéressée ou non[153], des situations ambigües peuvent apparaître et avoir un impact non négligeable sur les coopérations au sein même de l'ensemblier. Cet impact peut s'avérer lourd de conséquences et entraîner l'assujettissement aux impôts commerciaux avec reprise sur les années précédentes.

C'est pour se prémunir de tel écueil que les GES ont la particularité de développer leur propre capacité à analyser leur situation fiscale et à identifier l'existence d'un risque. La doctrine fiscale, exprimée à travers diverses instructions, permet de traiter les situations à risque et de prendre des décisions adaptées en termes de gestion. Parmi les questions analysées :

- les activités sont-elles non lucratives mais en situation de concurrence ?
- les activités sont-elles exercées dans des conditions similaires à celles des entreprises ?
- existe-t-il des ventes de produits accessoires ?
- existe-t-il des relations privilégiées avec des membres fiscalisés du groupe ?
- les administrateurs perçoivent-ils une rémunération ?
- *etc.*

En outre, le caractère mouvant des coopérations au sein d'un groupement, tant en termes de périmètre de coopération (les membres du GES) qu'en termes d'activités (évolution du nombre d'activités et de leurs volumes), peuvent remettre en cause les conditions qui justifiaient un statut fiscal préalablement. Ainsi, l'analyse fiscale se doit d'être actualisée le plus souvent possible pour corriger ce qui doit l'être. Les leviers organisationnels sont nombreux pour y parvenir : sectorisation des activités non soumises aux impôts, filialisation des

---

[151] Hanet and Lecluse, 2012a, pp. 16–17
[152] Impôt sur les sociétés, taxe sur la valeur ajoutée, contribution économique territoriale, taxe d'apprentissage, *etc.*
[153] Impôt sur les sociétés à taux spécifiques, taxe sur les salaires, *etc.*

activités qui y sont soumises par la création d'une société créée et détenue par l'association à la tête du GES ou encore fiscalisation de l'ensemble du GES. Bien qu'elle soit choisie par certains GES en France, cette dernière solution ne semble pas majoritaire.

Enfin, c'est à travers la notion de mutualisation de moyens techniques, humains voire financiers que l'un des enjeux fiscaux se pose. En effet, les échanges entre les membres d'un ensemblier ou d'un GES ainsi que la répartition des coûts doivent être finement analysés. Si les échanges sont de nature économique (prestations de services, échanges de biens, même à « prix coutant »), ils entraînent l'assujettissement aux impôts commerciaux des structures qui les fournissent. Cependant, nombre de GES optent pour une dérogation, considérant que les services rendus à leurs membres peuvent être exonérés de TVA sous certaines conditions[154]. Le respect de ces conditions est essentiel et impose la tenue d'une comptabilité analytique des coûts et des temps salariaux afin de connaître les coûts imputables selon des règles fiscales précises[155].

Malgré cela, une part d'incertitudes demeure en raison des évolutions réglementaires et doit, à nouveau, être prise en compte. À titre d'exemple, en 2017, la Cour de Justice de l'Union Européenne a requalifié la notion de groupement par une nouvelle définition : le Groupement Autonome de Personnes (GAP)[156]. Entité considérée comme distincte de ses adhérents, le GAP gère et répartit les services communs. Dans ce cas, les services rendus entre membres ou entre un membre et une entité « mère » sont assujettis à la TVA. Cette situation, propre au secteur de la banque, de la finance et de l'assurance jusqu'ici, appelle à la vigilance sur les futures évolutions réglementaires à l'échelle des états nations membres de l'Union Européenne.

Ainsi, quelle que soit la situation, la constitution du GES a pour vocation de sécuriser les relations entre les différentes activités ou ses différents membres pour que son projet d'insertion au sein du territoire puisse se poursuivre et se développer. La complexité fiscale et les interprétations qui lui sont liées peuvent pénaliser l'entreprenariat social dans son développement. C'est là un risque que chaque organisation doit identifier et mesurer afin de le réduire autant que possible.

Les GES une inscription au cœur des territoires au service du changement d'échelle

Plus d'une trentaine de GES sont dénombrés officiellement au sein du réseau Coorace : Archer, Icare, Unis Vers L'Emploi, Intermed, Alise, Aire, Interm'Aide, Actif & Dynamic, *etc*. Mais certains ensembliers répondant valablement au modèle présenté ci-dessus sont aussi des GES qui s'ignorent. Près de 12 années après la loi RSA, le rythme d'émergence des GES reste donc relativement faible. Cependant, les groupements qui se sont constitués ont su développer nombre d'emplois pour leurs territoires au cours des années. L'initiative de ces rapprochements est le fait d'ensembliers ou GES déjà constitués le plus souvent. À titre d'exemple, 18 % des ensembliers et 37,5 % des GES ont connu une démarche de fusion ou d'intégration de structures en leur sein au cours des 5 dernières années selon l'enquête réalisée en 2019. A contrario, ces approches ne concernent que 1,7 % des structures uniques ne

---

[154] Article 261 B - Code général des impôts - Légifrance, n.d.
[155] BOI-TVA-CHAMP-30-10-40-20151104 du 4 novembre 2015.
[156] Dorin, 2018.

s'appuyant que sur un seul conventionnement. Ce dernier résultat doit être pondéré. En effet, les structures uniques ayant fusionné ou ayant été intégrées à un ensemblier ou un GES sont justement comptabilisées parmi les ensembliers et les GES dans l'enquête.

Faut-il en conclure qu'il est plus facile de mutualiser et de changer d'échelle dès lors qu'une première démarche de ce type s'est opérée ? Les coopérations sont le ciment de tout GES et toute expérience de la coopération semble faciliter la mise en œuvre de nouvelles coopérations. Ainsi, les facteurs clés de réussite relèvent des règles identifiées précédemment (voyez Chapitre premier, p. 19). Chaque organisation du GES doit notamment respecter l'identité, et donc l'histoire, des autres le constituant. Le projet commun est le socle du GES et des outils spécifiques de gestion de la coopération ainsi que des espaces de décision doivent être développés afin de maintenir un dialogue autour du projet commun. Enfin, la coopération de chaque organisation du GES doit être volontaire. S'ils ne sont pas respectés, ces principes peuvent aboutir à des dysfonctionnements récurrents plutôt qu'à une vraie plus-value stratégique : le GES n'en est plus un.

Les phénomènes de concentrations touchent l'ensemble des organisations de l'ESS[157]. L'IAE ne fait pas exception. Les coopérations de type ensemblier ou GES y concourent, comme les fusions absorptions. Sur ce dernier point, à titre d'exemple, le nombre des Associations Intermédiaires a été divisé par deux entre 1995 et 2015, bien souvent en raison de fusions ou d'extension de territoire conventionné suite à la disparition de l'une d'elles au profit d'une autre limitrophe[158].

LES POLES TERRITORIAUX DE COOPERATION ECONOMIQUE

Les GES constituent une solution indispensable pour animer des coopérations capables de proposer une diversité de solutions à destination des publics précarisés. L'objectif d'œuvrer à un développement local et durable est partagé par les acteurs de l'ESS et, en particulier, les SIAE. Afin de renforcer les coopérations locales et de définir des stratégies partagées, la réflexion s'est portée sur un concept de coopérations territorialisées : les PTCE. Le postulat de départ en est simple : « pour se développer, l'ESS a besoin d'une organisation territoriale »[159], l'organisation étant le moyen de structurer les coopérations par des liens pérennes.

L'émergence des PTCE

Le concept de Pôle Territorial de Coopération Economique (PTCE) a été développé par le Labo de l'ESS en 2009. L'objet de la création d'activités et d'emploi, propre à l'IAE, a contribué à son émergence. Ainsi, Coorace, le Réseau des collectivités Territoriales pour une Economie Solidaire (RTES), le Conseil National des Chambres Régionales de l'Economie Sociale et Solidaire (CNCRESS), le Mouvement pour l'Economie Solidaire (MES), l'Institut de Recherche du Développement en Economie sociale et Solidaire, Novetat, France Active et bien d'autres acteurs se sont impliqués sur ce qui était alors une

---

[157] Noguès, 2012
[158] Alleau et al., 2018, p. 18
[159] Abhervé, 2020

innovation[160]. Au terme de cinq années d'initiatives dans les territoires, la loi ESS de 2014 a inscrit les PTCE dans la loi[161].

Les PTCE sont constitués d'un :

> « … ensemble d'acteurs de terrain qui s'associent autour d'un projet économique commun pour favoriser le développement territorial local : associations, coopératives, collectivités territoriales, entreprises classiques, universités, etc. Leurs domaines d'activité sont divers et adaptés à leur contexte local : éco-activités, emploi et sécurisation des parcours professionnels, alimentation et agriculture durable…[162]. »

Divers travaux ont ainsi démontré que la taille moyenne de ces organisations était de l'ordre d'une dizaine de structures, majoritairement issues de l'Économie Sociale et Solidaire. Les entreprises privées lucratives présentes sont majoritairement des TPE-PME parties prenantes du projet plutôt qu'impliquées dans la gouvernance du projet[163]. Les mêmes limites que celles observées précédemment au sujet des coopérations visant la GPECT semblent à nouveau visibles (voyez p. 66 et suivantes).

La démarche de développement local s'est fortement associée à des dynamiques insertionnelles au sein des PTCE. Ainsi, en 2015, la moitié des PTCE (dont 160 étaient dénombrés en 2017, 56 en 2020[164]) comptaient notamment sur la participation d'organisations de l'IAE. En outre, 24 % des PTCE étaient, à la même époque, investis dans des activités liées à l'emploi et la sécurisation des parcours professionnels[165].

La dimension de création d'emploi est importante dans le développement des PTCE. L'objectif était ainsi énoncé lors de la cérémonie d'annonce des lauréats au premier appel à projets PTCE, le 10 janvier 2014 : « le développement durable local au service de la création d'emploi[166] ». La coopération est le cœur de la méthodologie de constitution de ces Pôles. Elle se pense dans sa forme la plus aboutie : celle de la mutualisation :

> « … mutualisation de locaux, de compétences, de services et dans certains cas très aboutis, la construction de stratégies partagées de développement[167] ».

Lors de cette cérémonie, les PTCE étaient présentés comme un outil susceptible d'atteindre l'une des finalités de l'ESS, commune à celle annoncée par le Gouvernement : l'égalité des territoires.

> Les pôles territoriaux de coopération économique contribuent pleinement à la politique d'égalité des territoires portée par le

---

[160] Masure et al., 2015
[161] Article 9, *LOI n° 2014-856 du 31 juillet 2014 relative à l'économie sociale et solidaire*, 2014
[162] Définition du Labo de l'ESS. http://www.lelabo-ess.org/-poles-territoriaux-de-cooperation-economique-36-.html
[163] Fraisse, 2014, p. 3
[164] Megglé, 2021
[165] Synoptic and Labo de l'ESS, 2017, p.13
[166] Duflot et al., 2014
[167] Duflot et al., 2014

> Gouvernement. En milieu rural comme dans les quartiers prioritaires de la politique de la ville, ils contribuent à redynamiser les territoires, les entreprises du secteur de l'Économie sociale et solidaire se caractérisant par un fort ancrage économique territorial, et donc par un caractère non délocalisable…[168]

Ce faisant, les deux appels à projets proposés en 2013 et 2015 ont fortement orienté leur développement sur des territoires dits « fragiles ».

Coopérer pour un territoire, coopérer par un objet

Il n'existe pas un modèle unique de PTCE. Le territoire est l'écrin des coopérations : la construction de chaque Pôle se pense donc dans la relativité : quelles valeurs partagées ? quel leadership ? quels projets développés ? quelle gouvernance ?[169] *etc.*

Plusieurs formes de PTCE existent, tant d'un point de vue juridique que d'un point de vue thématique. Ainsi, ils se sont majoritairement structurés à travers des associations et, dans une moindre mesure, de coopératives[170]. En outre, plusieurs types de coopérations à vocation de création d'emplois en sont nés : les PTCE filière(s) et les PTCE territoire selon Masure et al. (2015) :

> PTCE filière(s) constitués autour d'un champ d'activités principal dans lequel des acteurs de l'ESS sont investis et qui caractérise particulièrement le territoire d'ancrage du pôle :
>
> PTCE territoire regroupent une diversité d'acteurs économiques, dont ceux de l'ESS, issus de différents secteurs d'activités (sans interaction directe), souvent regroupés dans un lieu mutualisé ou implantés dans un territoire de proximité[171].

Le territoire peut être le lieu d'implantation d'une filière et contribuer à lui donner une identité. La filière peut aussi contribuer à redéfinir l'identité du territoire. Ce prisme d'analyse géographique, développé par Le Corroller et al. (2019), permet de mesurer la capacité des PTCE à « fédérer les acteurs autour d'une vision du territoire qui n'est pas sujette à interprétation » et/ou de fédérer les acteurs autour d'une filière historique locale[172]. Ainsi, l'enquête réalisée par le Labo de l'ESS en 2016 illustre cette diversité. Certains PTCE sont organisés autour d'une filière dite pivot (regroupant les activités majoritaires du PTCE ou des structures), d'autres autour de plusieurs filières[173].

Les PTCE initiés par des organisations de l'IAE ont pour point commun de placer la lutte contre le chômage et la pauvreté au premier plan. Ces PTCE ont développé des stratégies territoriales permettant de repenser le développement d'activités ou les chaines de valeurs au sein de territoires grâce à des coopérations organisationnelles ou sectorielles. À titre d'exemple, le PTCE Domb'Innov (Ain), dont le périmètre de coopération rassemble plusieurs dizaines de structures aujourd'hui, s'est orienté vers la création d'activités et d'emploi (300

---

[168] Duflot et al., 2014
[169] Masure et al., 2015, p. 9
[170] Le Labo de l'ESS a publié, en 2017, une analyse synthétique des PTCE et des coopérations qui les sous-tendent par le biais d'une enquête. Synoptic and Labo de l'ESS, 2017
[171] Masure et al., 2015, p. 17
[172] Le Corroller and Turbout, 29 mai 2019, *en cours de publication*
[173] Synoptic and Labo de l'ESS, 2017, p. 17

emplois consolidés en 2015, notamment) ainsi que le développement d'une économie locale et de proximité[174]. Dans ce cas, le PTCE sert aussi d'incubateur aux porteurs de projets. À contrario, le PTCE Pôle Sud (Drôme) a permis de développer des approches de sous-traitance industrielle entre SIAE et plusieurs entreprises du territoire, associant ainsi à l'identité d'un territoire une approche moins élargie en termes de secteurs d'activités. La capacité à s'adapter aux besoins des entreprises, notamment en termes de fluctuation des rythmes de production propres aux marchés, ont favorisé le développement d'un service RH et un développement local permettant de maintenir les activités sur le territoire et de créer de l'emploi. En 2015, ce PTCE accueillait près de 1000 personnes en recherche d'emploi[175].

Ces deux PTCE ont profité du dynamisme de GES pour se structurer : Val'Horizon (Domb'Innov) et le groupe Archer (Pôle Sud Archer). Ce positionnement a tiré profit de l'identité historique de ces acteurs[176], mais aussi de l'expertise en termes d'accompagnement dans l'emploi et de développement d'activités des GES afin de répondre à des besoins du territoire et de ses acteurs.

L'institutionnalisation des coopérations territoriales a-t-elle tué les PTCE ?

Institutionnalisées par la loi, promues par deux appels à projets, les dynamiques émergentes de PTCE se sont arrêtées au profit du programme French Impact. L'histoire des PTCE rappelle que la définition d'une stratégie et l'organisation territoriale à laquelle contribuent les acteurs locaux est essentielle à l'émergence d'un modèle de coopération de cet acabit. En d'autres termes, la démarche *bottom-up* basée sur une animation issue de GES ou SIAE, comme Val'Horizon ou Archer, est essentielle pour structurer avant de s'institutionnaliser : la mobilisation citoyenne et celle des acteurs économiques, sociaux et politiques localement offrent un gage de stabilité des relations de coopération dans le temps. Cette structuration était permise par un temps indispensable d'animation, caractérisé par un investissement important des collectivités territoriales, que ce soit en termes de financements, de moyens, de compétences et d'implication des élus[177].

Les appels à projets, par l'opportunité qu'ils ont offerts, ont peut-être remis en question cette approche au profit d'une démarche parfois plus descendante. Cette dernière dimension, *top-down*, semble aujourd'hui la plus suivie. En 2019, elle s'est notamment illustrée à travers les labellisations de territoires *French Impact*, s'appuyant sur le périmètre des collectivités notamment, dont certains territoires recouvrent peu ou prou les PTCE déjà existants. L'évaluation des pionniers de French Impact permettra d'en mesurer les effets.

Après le second appel de 2015, la raréfaction des financements, en particulier l'absence de nouveaux appels à projets par l'État, a nui à la visibilité des PTCE ; elle en a fait disparaître également. Contre toute attente, c'est la crise pandémique de 2020-2021, par ses effets sur les inégalités et le précariat qui a remis à l'agenda cet outil de développement des territoires. D'abord en dehors de France, 22 Pôles d'Économie Sociale du Québec ont ainsi été identifiés par le gouvernement pour contribuer au développement régional dans ce contexte

---

[174] voyez le site internet de Domb'Innov : https://www.dombinnov.fr/decouvrez-nos-services/
[175] http://www.lelabo-ess.org/pole-sud-archer-drome.html
[176] Fraisse, 2017, p. 30
[177] Cornu, 2014, p. 18

singulier de 2020[178]. Ensuite, c'est en France que de nouveaux appels à projets en faveur des PTCE vont voir le jour en 2021[179].

CONCLUSION

Bien plus que pour tout autre type de coopération, les conventions de mandat, GES ou PTCE s'appuient sur des logiques de coopérations basées sur la proximité, c'est-à-dire une assise territoriale proche des acteurs qui les composent[180]. Comme pour les conventions ou les GES, la notion de gouvernance est essentielle à l'émergence et la maîtrise de tout projet de PTCE. Laurent Fraisse rappelle ainsi que :

> Le rôle essentiel de *la confiance accumulée* au sein d'un cercle historique de responsables ayant co-construit des projets, l'importance de *valeurs partagées* au-delà des simples opportunités économiques d'un regroupement d'entreprises, *l'investissement informel et l'engagement bénévole* des fondateurs, l'existence des *moments partagés et conviviaux* sont des facteurs essentiels pour comprendre les processus de décisions collectifs au-delà des règles statutaires. La présence fréquente *d'une figure emblématique, leader coopératif, ou d'un noyau historique de responsables* à même d'avoir une vision partagée et stratégique du territoire, de saisir des opportunités, d'associer différents milieux et de mobiliser une pluralité de ressources est soulignée de manière récurrente[181].

L'équilibre entre une vie démocratique de la gouvernance, induisant confiance et réciprocité, semble tout aussi essentiel que la capacité à incarner le projet et son animation (notion de leadership). Cet équilibre se trouve localement et se travaille patiemment.

---

[178] Abhervé, 2020
[179] Megglé, 2021
[180] Billaudeau et al., 2016; Gianfaldoni, 2017
[181] Fraisse, 2014, p. 6

CHAPITRE VI : DE NOUVELLES FORMES DE COOPERATIONS : LE RETOUR DES ENGAGEMENTS CITOYENS ET RESPONSABLES

La dernière décennie a vu émerger nombre d'expérimentations dans l'objectif de lutter contre le chômage et faciliter l'accès au monde du travail. La question de l'offre de main d'œuvre et de besoin de main d'œuvre soulève inévitablement la question des compétences disponibles et attendues au sein d'un territoire.

C'est pour répondre à ces enjeux que Coorace a soutenu plusieurs projets dans des territoires très divers. Il en est ainsi de l'expérimentation Territoires Zéro Chômeurs de Longue Durée (TZCLD), dont l'engagement de certaines délégations régionales Coorace a accompagné le développement de nouveaux projets locaux, ou des badges numériques, dits open badges, portant sur la reconnaissance des compétences au sein d'un territoire. Plus globalement, il s'agit avant tout de développer de nouveaux modèles d'intégration au bénéfice des habitants d'un territoire.

Chacun de ces projets s'appuie sur des méthodologies spécifiques même si les postulats de départ peuvent différer partiellement. Ainsi, quand TZCLD rappelle le droit à l'emploi pour tous, les *open badges* envisagent de révéler les compétences des demandeurs d'emploi. Tous deux ont cependant un point commun important : celui de « la présomption de compétences »[182] des personnes sans emploi.

Le retour du renversement theorique : Territoire Zero Chomeurs de Longue Duree

Dès 1983, les AI envisagent de reformuler la question de l'emploi à travers une inversion théorique du lien entre besoin de main d'œuvre et offre de travail. Le point de départ de cette réflexion part d'un constat simple. Sur certains territoires, des personnes ont des besoins de services qui ne sont pas pourvus.

---

[182] Petit, 2007

Sur ces mêmes territoires, des demandeurs d'emploi ne parviennent plus à accéder au marché du travail. La réunion des deux constituait l'acte de naissance de ce nouveau modèle d'intermédiation de l'emploi unique en son genre ; unique car il était, et demeure, ouvert à toute personne victime du précariat et à tout type de client (particulier, collectivité, entreprise).

La loi sinon rien

Le projet de Territoire Zéro Chômeurs de Longue Durée est né de ce même constat[183]. Une expérimentation a ainsi vu le jour en 1994, à Seiche-sur-Loire, et partait d'un postulat simple : nul n'est inemployable. Elle est rapidement bloquée, faute de loi permettant les transferts financiers expérimentaux. En parallèle, *Travailler et Apprendre Ensemble* (TRE), héritière d'ateliers de promotion professionnelle, voyait le jour en 2002, animée par un projet analogue[184]. Ce n'est que plusieurs années plus tard qu'une évolution législative l'autorise. La loi du 29 février 2016 est adoptée à l'unanimité à l'Assemblée Nationale et rend possible l'expérimentation TZCLD sur dix territoires[185].

Chacun a le devoir de travailler et le droit d'obtenir un emploi, ce préambule de la constitution de 1958 énonce clairement le contenu du projet. Deux hypothèses fondatrices viennent compléter la notion d'employabilité universelle. Ce n'est pas le travail qui manque : un grand nombre de travaux utiles, d'une grande diversité, restent à réaliser. Ce n'est pas l'argent qui manque : la privation d'emploi coûte plus cher que la production d'emploi.

Dans ce cadre, l'expérimentation vise à permettre à toute personne privée d'emploi depuis plus d'un an, et désireuse de travailler, d'obtenir un emploi financé partiellement par la réaffectation des montants alloués au titre de la sécurisation des personnes sans emploi : indemnités, RSA, autres minimas sociaux, *etc*. C'est cette modalité de financement qui est envisagée pour développer chaque poste créé dans le cadre de l'expérimentation. On parle d' « activation des dépenses passives »[186].

La réalisation de cette ambition s'appuie sur un cadre méthodologique qui ne peut être mis en œuvre sans une dynamique de coopération entre les parties prenantes du projet à l'échelle du territoire. Les Territoires Zéro Chômeurs de Longue Durée envisagent de lutter contre la « privation d'emploi ». Pour y parvenir, le projet développe une dimension de « travaux utiles » au territoire. Il s'agit de répondre à un besoin et ne pas se mettre en concurrence, tant en termes économiques qu'en termes de recrutements avec les employeurs du territoire, notamment. Cette idée relève de la notion de « supplémentarité de l'emploi »[187]. Ainsi, aborder la question du chômage, du développement de nouvelles activités et du recrutement présent et à venir par des employeurs locaux concerne et intéresse potentiellement l'ensemble des personnes et institutions d'un territoire. Dès lors, et puisque le cadre législatif le permet, voire le demande, chaque dimension du projet doit faire l'objet d'une négociation, d'un consensus. Elle doit permettre à chaque acteur de garantir ses intérêts, tant du point de vue des personnes privées d'emploi que des acteurs économiques locaux.

---

[183] Valentin and Virville, 2017
[184] Valentin, 2013
[185] *LOI n° 2016-231 du 29 février 2016 d'expérimentation territoriale visant à résorber le chômage de longue durée (1)*, 2016
[186] Valentin, 2013, p. 3-4.
[187] Valentin and Bazurto, 2020.

La notion de coopération n'est donc pas envisagée pour créer des relations inter-organisationnelles visant à répondre à des problématiques communes. Elle est avant tout convoquée au titre d'un engagement citoyen à l'égard du territoire et en faveur des personnes privées d'emploi uniquement. Dans ce contexte, la méthode d'animation des parties prenantes doit nécessairement entrer dans un jeu coopératif *a priori* afin de produire un consensus chaque fois qu'un choix doit être fait. Le faire ensemble tient essentiellement à la définition de la stratégie.

Une méthode d'animation territoriale : fabriquer le consensus par la coopération

La concertation est ici le maître mot de la méthode, composée de quatre phases, dont la première, nommée « fabrique du consensus », s'avère essentielle pour assurer le succès d'un projet de territoire[188].

Cette phase a pour but d'expliquer le projet et de mobiliser toutes les forces vives intéressées du territoire visé. Plus la mobilisation est élargie, plus les chances de réussite sont importantes. Il s'agit donc de travailler avec la collectivité territoriale et/ou l'EPCI pour éprouver l'intérêt de la démarche. Deux dimensions sont ici interrogées. Celle d'une connaissance fine des besoins des personnes privées d'emploi : quelles sont-elles ? quel est leur nombre ? Celle des projets de la collectivité en cours, notamment en termes d'organisation de services, de mobilisation des élus ou encore de projets territoriaux tels que l'implantation de MSAP, de nouveaux équipements, *etc*.

Cette première étape est essentielle puisqu'elle permet de s'assurer d'un portage politique et technique du projet au cœur même du territoire. Elle permet aussi de s'assurer de la présence d'une diversité d'acteurs, notamment les acteurs liés à la recherche d'emploi (Pôle Emploi, Mission Locale, Cap Emploi, Plie, *etc*.) ou les représentants de l'Etat (Préfecture, services déconcentrés tels que la Direccte)[189]. Enfin, elle favorise l'émergence de premières définitions : celles du territoire du projet, de la définition locale de la « privation d'emploi » ou encore du choix des activités qui seront développées. En effet, les territoires ont des profils socio-économiques variables. Le précariat peut y prendre des formes très différentes en fonction de ces contextes, tant en nombre de personnes concernées qu'en définition de ces précarités (contrats courts entrecoupant des périodes de chômages, typologie de l'emploi local, *etc*.). En outre, les désirs des personnes et besoins non couverts sont eux aussi extrêmement variables d'un lieu à l'autre.

Dans ce cadre, le travail de définition de la « privation d'emploi »[190] offre une opportunité de concertation intéressante. À la fois ancienne (on la retrouve dans les années 1960 à tout le moins) et plus ouverte que les notions de chômage ou de demande d'emploi, définies de manière précises par le BIT ou Pôle Emploi, elle constitue un premier terrain de coopération puisqu'il s'agit, pour les acteurs locaux, de coopérer ensemble afin d'aboutir à un consensus. Comme le rappellent Valentin et al. :

> « nous cherchons l'unanimité sur la nécessité de prendre à bras le corps la question du chômage de longue durée en affirmant,

---

[188] https://www.tzcld.fr/les-phases-methodologiques/
[189] Mollet, 2020
[190] La définition étant relative, voyez le référentiel visant à analyser la définition de la privation d'emploi localement, TZCLD, 2020

> premièrement, que personne n'est inemployable, deuxièmement, qu'il y a plus de travail que de gens pour le faire, troisièmement, que ni l'État ni les collectivités ne sont en faillite, par conséquent qu'il y a de l'argent pérenne pour financer des emplois pérennes. Ce consensus est long à établir, car il faut convaincre les entrepreneurs locaux que nous ne leur ferons pas de concurrence déloyale, et les fonctionnaires que nous ne nous substituerons pas à eux. C'est ce que nous appelons le temps préliminaire. Il nécessite de nombreuses rencontres, notamment avec le conseil municipal, pour que soient établies les preuves de ce que nous avançons[191]. »

Sont également associés à la réflexion les habitants du territoire, les entreprises, les structures de l'ESS et les syndicats afin de constituer un socle solide de validation du projet de candidature du territoire pour un déploiement du projet. Une communication dense s'appuie alors sur une diversité de médias : relais d'information par la collectivité, l'organisation de rencontres, la sollicitation d'acteurs sur recommandation d'autres acteurs, *etc*. L'enjeu consiste à créer les conditions de la confiance nécessaire à la constitution de l'équipe du projet, d'inscrire les personnes intéressées dans un « comité local » pour contribuer à l'élaboration des règles de débat et de déploiement du projet local ainsi que d'arbitrer les différentes missions dévolues au projet. Parmi ces missions, travaillées sous formes de groupes de travail :

> « 1. Animer et entretenir le consensus local en mobilisant en continu toutes les personnes et structures concernées de près ou de loin par l'expérimentation ;
>
> 2. Supprimer la privation durable d'emploi en identifiant et accompagnant les personnes privées durablement d'emploi ;
>
> 3. Proposer des activités qui seront portées par la ou les EBE en s'assurant de leur supplémentarité ;
>
> 4. Accompagner la montée en compétences des PPDE et des salarié·e·s en EBE en proposant en cadre de travail adapté à chacun·e ;
>
> 5. Evaluer les résultats de l'expérimentation pour faire évoluer les pratiques locales et contribuer à l'élargissement de l'expérimentation[192]. »

L'émergence d'un comité local est donc une étape indispensable pour définir de manière précise le territoire et la nature de la privation d'emploi, avant de poursuivre la méthode d'animation territoriale. Ensuite, la deuxième phase de la méthode consiste à rencontrer les personnes privées d'emploi désireuses de travailler, les mobiliser, identifier leurs compétences et appétences. La troisième vise le recensement des travaux utiles. Il s'agit alors d'identifier les besoins non satisfaits sur le territoire, non couverts par le marché et permettant de déployer des activités utiles aux personnes et au territoire. Enfin, une fois les ressources humaines et les emplois attendus identifiés, une ou plusieurs entreprises à but d'emploi (EBE) sont mises en place pour opérer la connexion entre les deux.

---

[191] Valentin and Virville, 2017
[192] Mollet 2020

Si cette quatrième phase de création de structure contribue matériellement à la lutte contre la privation d'emploi, la méthode d'animation territoriale ne doit pas être considérée comme linéaire, mais itérative. En effet, la fabrique du consensus est ici un élément central qui ne cesse jamais d'être animé. Puisque toutes les dimensions du projet supposent une négociation entre les parties prenantes, rien ne peut se faire sans discussion préalable. En ce sens, le consensus prend toute sa valeur dans le fait que, sans minorer ni même ignorer les rapports de force préexistants, chaque acteur a une parole d'égale importance dans la vie du comité local, lieu de décision du projet. Collectivité, habitants, demandeurs d'emploi, associations, entreprises : chacun apporte sa vision du bien commun à l'échelle du projet.

Les facteurs clés de réussite de la coopération

L'une des forces du modèle développé par l'approche TZCLD réside dans la frontière marquée entre l'animation du territoire portée par le comité local et l'approche fonctionnelle développée par l'EBE. En effet, l'EBE est garante des activités et des embauches, du développement économique lié à ces activités et de la montée en compétences des salariés autrefois privés d'emploi. Elle ne décide ni de l'activité qu'elle développe, ni des salariés qu'elle recrute. Elle est cependant inclue au comité local pour participer à la réactualisation régulière de sa stratégie de développement.

Le comité local et ses EBE associées ont vocation, par négociation et ajustements permanents à prendre en compte les évolutions du territoire et à moduler les volumes d'activités et d'emplois

développés dans le cadre du projet. Ainsi, le travail n'est envisagé que collectivement et impose aux acteurs de réinterroger certains présupposés. Les définitions étant relatives, c'est-à-dire basées sur l'observation d'un environnement économique, social et culturel local, les définitions ou interprétations réglementaires trop tranchées sont régulièrement réinterrogées. Qu'il s'agisse de la définition de la privation d'emploi ou de la territorialité du projet, il est nécessaire de se départir des cadres trop restrictifs habituellement mobilisés : *quid* de la privation d'emploi qui est différente de la demande d'emploi ou du chômage ? *quid* du territoire d'expérimentation qui peut ne correspondre à aucune circonscription administrative ?

L'embauche par une EBE dans le cadre du projet est effectuée sur un territoire habilité, par exemple, mais rien n'interdit de proposer ses services commerciaux aux communes limitrophes si un même besoin n'est pas couvert. Deux périmètres doivent donc être discutés : le périmètre de recrutement et le périmètre d'activité. L'un est parfois différent de l'autre. L'expression de la loi est suffisamment vague pour laisser une grande latitude mais aussi une zone de floue qui est à la fois une force et une faiblesse à la fabrique du consensus. En ce sens, la fabrique du consensus doit s'appuyer sur un management continu de l'animation afin de maintenir une définition collectivement partagée du bien collectif recherché. C'est le préalable à toute incarnation d'un leadership du couple comité local/EBE.

Chemin faisant, maintenir ce travail coopératif de définition implique de maintenir la mobilisation des acteurs du comité local. Or rien n'est moins simple. Si le comité local est présidé par un élu du territoire, sa composition est susceptible d'évoluer dans le temps. Certains acteurs participent au comité local non par volonté de coopération, mais pour s'assurer d'une absence de concurrence avec leurs propres projets. Ainsi, la contribution des premiers temps vise à mesurer le projet. Une fois le participant rassuré, elle tend parfois à s'étioler au fil du temps. C'est du moins l'une des constatations faites dans certains comités comme celui de Colombelles (Calvados). Ainsi, le management de la coopération au sein du comité local est essentiel et passe par plusieurs éléments analysés par l'association Territoires Zéro Chômeurs de Longue durée. Il doit s'appuyer sur une organisation où le rôle de chacun est clairement défini, tant en termes de mission que de sens donné à cette mission. Les acteurs associés doivent représenter la diversité des forces du territoire. Enfin, des moyens humains et financiers doivent être mobilisés pour ancrer la dynamique sur la durée[193]. Coopération, leadership, transparence : autant de conditions indispensables qui, sans moyens humains et financiers pour ancrer la dynamique sur la durée, risqueraient d'être mis à mal.

Résultats et perspectives

Depuis la loi d'expérimentation territoriale visant à résorber le chômage de longue durée en 2016, le nombre des emplois créés n'a cessé de croître à travers la constitution d'EBE. Deux ans et demi après son lancement, l'expérimentation comptait déjà plusieurs centaines d'emplois conventionnés[194]. Si le rôle prépondérant de l'EBE est de concourir à la création de richesses par une production de biens ou de services non pourvus localement, et donc de stabiliser dans l'emploi des personnes privées d'emploi, elle fait aussi office de sas vers l'emploi pour certaines personnes. Ainsi, près de 5 % des personnes ayant bénéficié d'un travail au sein d'une EBE en étaient sortis en raison d'une opportunité d'emploi ou de formation moins de deux après le début de l'expérimentation.

L'expérimentation visant la mise en œuvre de la méthode au sein de dix territoires, initialement prévue pour une durée de cinq années, a bénéficié de plusieurs évaluations, tant internes qu'externes. Ainsi, si le rapport intermédiaire publié par la Dares questionne le modèle économique de l'expérimentation ou les modalités d'organisation et de structuration des EBE dans les moyens à disposition, de nombreuses évolutions positives dans la vie des salariés anciennement privés d'emploi est constatée[195]. Augmentation du pouvoir d'achat et résorption partielle voire totale de certaines problématiques liées au logement, à la mobilité, à la santé, à l'estime de soi[196] : tels sont les constats qui ont amené le Président de la République à promulguer une nouvelle loi visant une extension de l'expérimentation à 50 territoires[197].

VERS LA CONSTITUTION D'ECOSYSTEMES DE CONFIANCE : L'EXEMPLE DES OPEN BADGES

L'importance que revêt aujourd'hui la notion de reconnaissance est liée à des évolutions largement décrites : accélération des mutations économiques, techniques, juridiques, transformation numérique, augmentation des incertitudes, multiplication des informations disponibles. Le travail et le contexte

---

[193] Altmayer and Chiron, 2020
[194] *Expérimentation territoriale visant à résorber le chômage de longue durée : bilan intermédiaire*, 2019, p. 25
[195] Bouba Olga, 2019
[196] Mollet, 2020
[197] *LOI n° 2020-1577 du 14 décembre 2020 relative au renforcement de l'inclusion dans l'emploi par l'activité économique et à l'expérimentation « territoire zéro chômeur de longue durée » (1)*, 2020

dans lequel il s'exerce, changent de nature. Le fait qu'on parle aujourd'hui de reconnaissance – et non plus de validation ou de certification – est un des signes de l'adaptation des acteurs économiques, des acteurs de la formation, de l'insertion et de l'emploi, pour l'accompagnement des mobilités professionnelles ou l'accès au marché du travail.

Les enjeux sont multiples. L'articulation des compétences stratégiques (requises pour l'activité) et des compétences individuelles nécessite de penser le travail tel qu'il se fait, et non plus tel qu'il devrait se faire. L'identification des compétences transversales, rares, émergentes, implique de cesser de positionner les actifs au regard de référentiels préexistants. Enfin, la valorisation du potentiel individuel se doit de partir d'une présomption de compétence et non plus du repérage des déficits au regard des attendus.

Pour les actifs sans emploi ou en reconversion, il s'agit de sortir d'une vision linéaire du parcours qui vise une adéquation de l'individu et de son projet pour élaborer une « carte des possibles qui permet de naviguer, changer de direction, s'orienter[198].

Pour les acteurs du monde de la formation, de l'économie lucrative, de l'insertion, *etc.* s'attacher à ces problématiques implique de favoriser les parcours par une meilleure reconnaissance de l'action de chaque organisation dans le retour à l'emploi des personnes qui en sont privées. Dans ce cadre, on évoque volontiers les « écosystème de confiance ». Il définit à la fois l'environnement numérique réputé infalsifiable et partagé par les parties prenantes que l'implication des parties prenantes dans la vie de cet écosystème.

Qu'est-ce qu'un écosystème de confiance ?

La notion d'écosystème est de plus en plus mobilisée par les acteurs du monde économique. Cette notion, issue des sciences de la nature, envisag les interactions entre êtres vivants et avec leur milieu. Les sciences économiques, et notamment la gestion, s'en sont emparés dans une approche renouvelée des relations inter-organisationnelles. C'est la notion d'écosystème d'affaires tenant compte des interrelations entre une entreprise et ses partenaires. Plus récemment, les technologies de l'information et de la communication se la sont appropriée pour développer le concept d'écosystème de confiance.

> Depuis le début des années 2000, le concept d'écosystèmes d'affaires suscite de très nombreuses réflexions et fait l'objet aussi bien de travaux académiques que d'études de cas issus notamment du secteur des TIC (Technologies de l'information et de la communication). On fait systématiquement référence aux « écosystèmes » quand certaines caractéristiques sont identifiées : plusieurs acteurs interdépendants issus de différents domaines d'activités partageant une vision stratégique « commune » autour d'un leader qui parvient à imposer sa technologie[199].

Si le concept d'écosystème de confiance est souvent évoqué, les tentatives de définition semblent particulièrement rares. Dans le cadre du développement et déploiement des badges numériques, la notion d'écosystème de confiance est

---

[198] Cette posture est largement décrite et plébiscitée dans les propositions du collectif Kelvoa, présidé par André Chauvet. Voir Kelvoa, 2017
[199] Daidj, 2011, p. 105

étroitement liée à l'approche dite DTS. L'écosystème de confiance se définit comme un espace géographique dans lequel des acteurs divers tels que le service public de l'emploi, les structures d'insertion par l'activité économique, les syndicats et corps intermédiaires, les entreprises et les salariés et demandeurs d'emploi du territoire reconnaissent la légitimité de chaque partie prenante dans la définition de référentiels de compétences et la diffusion de la reconnaissance de la compétence. En d'autre terme, chaque acteur a confiance en la reconnaissance d'une compétence d'un individu par un autre acteur. En renversant cette logique, « le badge prend de la valeur au regard de qui l'a créé et de qui le reconnait[200] ». Pareil postulat nécessite donc la reconnaissance d'une légitimité de chacun par tous au sein de l'écosystème.

Penser ainsi la relation inter-organisationnelle pose la question des conditions de son élaboration et de son impact au regard de l'ensemble de ces enjeux.

L'exemple de Saint-Lô

Le territoire de Saint-Lô-Carentan est rural. Caractérisé par une activité économique dynamique, notamment de production laitière et de transformation des produits agro-alimentaires et un tourisme de mémoire (Utah Beach, Sainte-Mère-Église), le taux de chômage est relativement faible : 6,3 % au troisième trimestre 2018. De nombreuses entreprises rencontrent des difficultés pour recruter la main d'œuvre nécessaire à leur développement et les personnes en recherche d'emploi sur ce territoire vivent un sentiment d'exclusion d'autant plus marqué.

Le directeur de la Mission Locale du Centre Manche, Nicolas Bansard, évoque une jeunesse qui peine à acquérir l'autonomie à laquelle elle aspire. Il a su mobiliser ses partenaires locaux autour de ce constat partagé : les publics les plus vulnérables sont aussi les moins outillés pour naviguer dans une société complexe. Il leur est difficile de trouver une place (un emploi, un statut, un rôle) stable ; la précarité augmente la peur de prendre des risques et de s'engager. Ils développement un sentiment d'impuissance et une faible estime d'eux-mêmes.

C'est dans ce contexte qu'a germée, en décembre 2018, la possibilité d'une nouvelle manière de penser compétences et territoire. Avec l'appui des parties prenantes du territoire[201], une réflexion s'est alors engagée autour de la construction d'un écosystème de reconnaissance à travers l'utilisation des *open badges*.

Les open badges

Les badges de compétences, ou *open badges* sont des :

> « image(s) numérique(s) dans lesquelles sont enregistrées un certain nombre d'informations, ou métadonnées, dont les principales sont l'identité du récepteur du badge, celle de l'émetteur, les critères d'attribution du badge, les preuves justifiant de son attribution. Il constitue une déclaration numérique vérifiable et infalsifiable

---

[200] Jean-Marie, Eden, formation à la mise en place des open badges au sein de la fédération Coorace, le 9 avril 2019, Bagneux.
[201] Sous l'impulsion de la Mission Locale de Saint-Lô et du CIBC Normandie, le service insertion du Conseil Départemental de la Manche, la ville et l'agglomération de Saint-Lô, le FabLab, Cap Emploi, des structures de l'IAE, Coorace Normandie, des organismes de formation ainsi que des acteurs économiques représentés par l'AREA Normandie ou le MEDEF de la Manche se sont mobilisés.

> relative aux expériences, réalisations, compétences, engagements, valeurs ou aspirations d'une personne »[202].

De nombreuses ressources documentaires sont partagées sur ce sujet, notamment par l'association Reconnaître et son président Serge Ravet[203]. Sans aller plus loin dans la définition, la question posée par la chaîne de confection et d'attribution du badge apparaît essentielle. En effet, plus que l'objet numérique en lui-même, c'est l'espace de négociation sur l'évaluation des compétences qui donne tout son sens à la démarche. Elle a le mérite de remettre en cause les idées reçues et de permettre aux personnes de devenir actrices de leur apprentissage à travers des badges dont la « valeur » est communément partagée et reconnue par l'ensemble des acteurs du territoire. La réflexion porte donc sur le « travail tel qu'il se fait » plutôt que « tel qu'il est envisagé » à travers une manière d'approcher le territoire et l'adaptation aux besoins en personnels des entreprises dudit territoire.

Sur cela, la démarche de constitution d'un écosystème de confiance et des open badges a bénéficié de l'émergence du réseau « badgeons la Normandie » animé par Philippe Petitqueux, délégué régional au numérique à la DRAAF de Normandie.

Activer le sentiment de compétence

Le sentiment de compétence se développe dans l'action. Toutes les expériences sont sources de nouvelles compétences : les expériences professionnelles bien sûr, les actions de formation, les ateliers proposés par les acteurs de l'emploi, mais aussi les expériences du quotidien comme le bénévolat, le sport, *etc*. De nombreuses ressources sont déjà disponibles, et il est possible d'en mettre en place de nouvelles et d'en améliorer l'accessibilité.

Pour que le sentiment de compétence se développe, il faut recentrer la question de la reconnaissance sur l'activité au quotidien et les conditions de sa réalisation : on atteste ainsi la capacité à agir de chacun et on conforte ainsi son identité. Il est également nécessaire de considérer et accorder de la confiance à la perception de l'individu sur sa situation, sur son environnement personnel et professionnel : la reconnaissance précède la connaissance. Enfin, la mise en place d'un temps et des outils consacrés à l'analyse réflexive individuelle et collective pour chacune des expériences est déterminant. La négociation des critères et des éléments de preuve pour la création des badges est un exercice qui nous invite à l'analyse collective (sociale) de l'activité, sur les façons de la réaliser et les indicateurs de qualité ; il ne s'agit pas ici de viser une objectivité illusoire, mais une intersubjectivité.

Dans le cadre de l'expérience de Saint-Lô, l'animation s'est basée sur une série de jeux de rôle. Deux équipes, l'une dans la peau de la direction, l'autre dans celle des salariés, organisent la production au sein de l'entreprise. Dans ce cadre, des évènements perturbateurs tels qu'une absence, un retard ou une panne permettre de mettre en situation les réactions du salarié, du directeur et d'interroger la législation encadrant le travail. Lors de cette expérience, les participants peuvent identifier, voire développer, leurs compétences transversales (organisation, communication, créativité, *etc*.). Le temps de réflexivité est au moins aussi

---

[202] Définition donnée par la Délégation académique au numérique éducatif de l'Académie de Versailles : http://www.dane.ac-versailles.fr/comprendre/qu-est-ce-qu-un-open-badge
[203] Ravet, 2017

important que celui de l'action. C'est un travail de réflexion sur soi, avec les autres. Les feedbacks de l'animateur et des pairs, les moyens mis en œuvre, les résultats obtenus, permettent de conforter les ressentis. Sur cette base, chacun peut choisir de demander un badge existant, utile pour atteindre les objectifs qu'il s'est fixés ; apporter des éléments de preuve complémentaires à un badge déjà obtenu précédemment dans un autre contexte ; ou choisir de créer un nouveau badge s'il estime que ce qu'il souhaite valoriser ne fait pas encore l'objet d'un badge au sein de l'écosystème.

Développer le sentiment de contrôle

Le sentiment de contrôle implique tous les acteurs du territoire. La reconnaissance doit être utile. L'identification des compétences, les badges numériques, sont des clés. Pour qu'ils soient utiles, il faut également construire les portes qui peuvent s'ouvrir grâce à ces clés.

Les badges numériques permettent d'identifier les compétences, ou engagements, attendus pour accéder à une étape. Ils sont élaborés par exemple par les entreprises pour caractériser les attendus qui permettent d'accéder à un emploi, ou en amont à une période de stage.

Toute la difficulté consiste à inter-relier les badges produits par les organisations et les individus dans des objectifs différents. Tout comme les référentiels, les collections de badges sont des constructions sociales. Il s'agit alors de mettre en place un système ouvert de confiance. Ainsi, chacun peut reconnaître et être reconnu. Chacun est acteur de son parcours de reconnaissance et toutes les parties prenantes doivent pouvoir contribuer à la construction de l'écosystème de confiance. Le dispositif territorial doit permettre la participation de toutes et tous avec la mise à disposition d'outils et de compétences. Enfin, chacun s'engage à avoir une réflexion sur sa place au sein de l'écosystème : avant tout privilégier l'utilisation des badges existants et donc partager ses badges pour que cela soit possible. S'il s'avère nécessaire d'en créer un nouveau, il faut alors penser à son intégration au sein de l'écosystème existant. La création d'un nouveau badge va nécessairement être suivie de demandes d'endossement par les autres acteurs du territoire, c'est-à-dire une demande de reconnaissance du badge.

Afin d'y parvenir, l'expérimentation de Saint-Lô s'est appuyée sur la confection d'un « méta-badge » attestant de la capacité du porteur à être mis en contact avec une entreprise sans que ce dernier ne soit mis en difficulté, ni le recruteur ou l'intermédiaire qui a favorisé le contact. Ce *meta-badge*[204] regroupe donc plusieurs badges, dont trois sont en cours de réalisation par le Conseil Départemental de la Manche. Ils portent sur la présentation physique, les compétences relationnelles et la motivation. Le *meta-badge* est donc collectif et chacun est libre de proposer qu'un autre badge y soit intégré, voire de demander que soient renégociés les critères d'un badge existant.

Œuvrer à une stratégie collective territorialisée

Les individus et les organisations du territoire ont, à ce stade, une représentation dynamique, en perpétuelle évolution, des compétences individuelles et des compétences stratégiques attendues, des parcours possibles pour atteindre un

---

[204] Un meta-badge représente une compétence et consiste en plusieurs badges qui, pour leurs parts, attestent de « sous-compétences » constitutives de la dite compétence.

objectif avec, pour chacune des étapes, une caractérisation claire des prérequis nécessaires.

Il s'agit maintenant pour eux de s'engager dans une direction, avec néanmoins la possibilité de changer de direction, faire demi-tour, « tester » différents chemins. Il s'agit bien ici de construire, comme le disent si bien Agnès Heider et André Chauvet, « des conditions facilitantes pour que chaque personne accompagnée puisse se mettre en route vers ce qui compte pour elle, ici et maintenant »[205].

Parmi les projets envisagés dans la poursuite des travaux menés à Saint-Lô, la Mission Locale et le CIBC Normandie souhaitent ouvrir un lieu dédié à la reconnaissance, ouvert à toutes et tous et accessible. Ce lieu sera dédié à l'accès aux outils et aux personnes ressources pour les professionnels et les personnes. L'objectif sera d'entretenir l'animation qui a vu le jour en 2019, mais aussi d'accompagner dans la compréhension et l'utilisation technique des outils et de l'écosystème, ainsi que dans le changement de posture permettant la mobilisation du pouvoir d'agir de chacun.

Des badges prétextes à l'animation du territoire

À travers les badges numériques, le territoire est avant tout une communauté d'acteurs qui acceptent d'être liés les uns aux autres dans un système ouvert de confiance. Ouvert, il s'agit donc d'un système dynamique dans lequel les liens se font et se défont, se transforment en permanence. En cela, les badges ne sont pas un outil de plus au service de nos dispositifs, mais ils apportent des possibilités pour rendre visibles les ressources individuelles et collectives, les conditions d'accès à ces ressources, les liens existants entre ces ressources, et surtout permettre à chacun de contribuer à la construction collective de cette représentation.

La démarche menée à Saint-Lô rappelle, comme dans les autres dispositifs étudiés précédemment, que l'essentiel réside bien dans les usages que l'on en fait, les règles que se fixent les acteurs de la communauté pour que cet usage soit effectivement ouvert, équitable et transparent. En ce sens, la question du mode de gouvernance de l'écosystème est essentielle.

Le mode de gouvernance implique bien entendu toutes les parties prenantes, et des moyens sont mobilisés pour faciliter la participation et l'implication de toutes et tous. L'objectif de cette gouvernance n'est pas de décider ce qui doit être fait, et chacun peut d'ailleurs poursuivre des objectifs différents, mais de s'assurer que les conditions soient réunies pour que chacun puisse faire, pour que chacun puisse entrer dans le système proposé, le comprendre, l'utiliser, le transformer. En outre, la communauté des acteurs doit engager un processus d'apprentissage collectif basé sur l'expérimentation, la capitalisation et la diffusion des savoir-faire. À la façon du cycle d'apprentissage de Kolb, l'expérience concrète précède l'analyse, la conceptualisation, puis le transfert expérimental. C'est dans un même processus que la communauté, et chacun des acteurs qui la constitue, produit, analyse et apprend.

Comme le décrit Frédéric Huet, le territoire sera apprenant si nous parvenons à concilier trois niveaux : les acteurs, les agencements (qui doivent relever d'une dynamique de compromis), et le milieu (un espace délimité, réducteur d'incertitude). « Ces trois composantes agencent les interactions de l'apprenant

---

[205] Heidet and Chauvet, 2019

avec son environnement d'apprentissage »[206], et nous sommes toutes et tous à la fois acteurs, auteurs et apprenants.

CONCLUSION

La notion de coopération est structurante. Elle constitue le premier pilier de toute démarche d'emploi sur les territoires. En effet, qu'il s'agisse de l'expérimentation Territoire Zéro Chômeurs de Longue Durée ou les *Open Badges,* la gouvernance de territoire est essentielle. Elle implique la mise en œuvre de nouvelles relations inter organisationnelles ou interpersonnelles basées sur la réciprocité, la transparence et l'ouverture, à l'instar de la vision développée par l'Institut des territoires coopératifs :

> « Coopérer implique de développer une relation à l'autre bien différente de celle qui prévaut dans le modèle social dominant, à la fois par la relation d'égal à égal entre les co-auteurs et par le caractère de l'œuvre créée, considérée comme un bien commun[207] ».

Parce qu'elle est fortement territorialisée, la coopération à but d'emploi, à travers les deux modèles, contribue à redéfinir un peu plus le territoire en invitant ses citoyens à se saisir des questions d'emploi et à explorer de nouvelles solutions

---

[206] Huet et al., 2008
[207] Beauvillard and Beauvillard, 2018, p. 18

CONCLUSION ET PERSPECTIVES

Les acteurs du réseau Coorace se sont toujours investis dans des coopérations territoriales au service de l'emploi des personnes en situation de précarité. Les archives de la fédération témoignent d'une très riche documentation liée aux coopérations. Elles ont été une source principale indispensable à la rédaction de ce rapport.

Comme le rappelle Jean René Marssac, ancien député et un des fondateurs de Coorace, le réseau s'est constitué préalablement à la création des Associations Intermédiaires. Dès son origine, composé d'acteurs de territoires partageant leurs diagnostics, leurs expériences et leurs idées, Coorace, qui se dénommait alors la « Coordination des Organismes d'Aide aux Chômeurs par l'Emploi » (Coorace) a su fédérer, tout au long de son histoire, des entités organisations diverses en s'appuyant sur les valeurs et principes de la coopération pour faire valoir une vision transformatrice de l'économie et de la société. Les coopérations permettent à la fois de développer des relations avec les acteurs ayant des besoins (entreprises, collectivités, particuliers) dans le but d'étayer un parcours d'insertion professionnel des personnes privées d'emploi. Elles permettent également d'animer un système d'acteurs complexe pour toujours améliorer la qualité des parcours d'insertion social et professionnel.

Le présent rapport a permis d'insister sur plusieurs aspects des coopérations :

- Les coopérations naissent dans des contextes particuliers et impliquent des relations entre organisations et entre personnes ;

- Les coopérations s'entretiennent et doivent donc s'inscrire dans des relations « réciproques », marquées notamment par la confiance ;
- Les coopérations doivent être managées pour faire en sorte que leurs conséquences soient positives pour le territoire.

A la fois fédération et réseau généraliste, Coorace regroupe majoritairement des Structures d'Insertion par l'Activité Economique (SIAE), mais également des services d'aide à domicile (Proxim'Services), des organismes de formation et bien d'autres entreprises, toutes inscrites dans le champ de l'ESS. Pour chacune d'elles, renforcer l'action de terrain dans des objectifs de création d'emploi et de développement d'activité ne peut se faire de manière isolée.

C'est à ce titre que les coopérations au sein de chaque organisation et leur management sont essentiels. Les démarches d'amélioration continue en sont un garant : le management par la qualité implique une coopération étroite entre les administrateurs et salariés de toute organisation.

Ainsi, Coorace a développé des outils spécifiques tels que Coorace Ambition Progrès (CAP) ou encore la démarche qualité ISO 9001 selon le domaine d'application Cèdre. Ces outils permettent aux entreprises de consolider le fonctionnement interne de chaque organisation pour répondre aux besoins du territoire et à y répondre au mieux en fonction de leur projet social. Mais si les démarches d'amélioration continue permettent de réguler les coopérations internes, elles contribuent à la structuration des coopérations « externes », c'est-à-dire avec des personnes et des organisations variées.

Les coopérations entre une pluralité d'organisations inscrites dans un même territoire sont une condition *sine qua non* d'atteinte des objectifs adossés à la lutte contre la pauvreté.

Les acteurs éprouvant des besoins de recrutement sont nombreux dans les territoires. Certains besoins, qui existaient hier, ont été révélés par la crise de la Covid-19 avec plus d'insistance. C'est le cas des métiers associés aux activités du grand âge (interventions à domicile, Ehpad, *etc.*). En outre, la reprise économique, certes contrainte par la crise, s'est accompagnée de besoins de plus en plus marqués sur des métiers diversifiés, avec quelques disparités géographiques cependant. C'est pour y faire face que les acteurs de la fédération ont développé des méthodologies adaptées, croisant accompagnement, formation et mise en situation de travail. Coorace valorise ces différentes approches qui toutes s'appuient sur les principes de la coopération entre acteurs à différentes échelles (du local au national).

Ces dispositifs, nés de la capitalisation des actions portées par les adhérents sont nombreux. Vita Air, Zest, Parcours gagnants sont autant d'approches inspirées par les principes d'action de la démarche Développeurs de

Territoires Solidaires (DTS), fondée sur la coopération et proposée par le réseau depuis plus de dix ans.

Ces démarches, propres à Coorace, ne sauraient cependant éclipser le rôle prépondérant des stratégies visant à encadrer la relation entre les organisations d'insertion et les organisations lucratives. La commande publique responsable constitue un déclencheur de coopérations entre ces organisations, qui sans cette démarche de régulation à la main des collectivités auraient une probabilité plus faible à se rencontrer, et donc à coopérer.

Pour mieux répondre aux problématiques de chômage et de difficultés de recrutement sur certaines filières, les démarches innovantes telles que Vita Air, Zest ou Parcours Gagnants constituent des méthodologies adaptables et efficaces. Ainsi est-il important qu'elles soient soutenues par l'Etat dans leur développement et leur essaimage.

En outre, les clauses sociales, et à moindre échelle les marchés réservés à l'insertion, font aujourd'hui pleinement partie de la palette des outils efficaces de lutte contre l'exclusion sociale et professionnelle. Désormais le code de la commande publique fixe expressément des objectifs de développement durable aux marchés publics à travers « leur dimension économique, sociale et environnementale". Cette inscription de principe a permis l'adoption de propositions plus concrètes, soutenues par Coorace, telles que la prise en compte, dans les conditions d'exécution des marchés et dans les contrats de concessions, « de considérations relatives au domaine social ou à l'emploi, en faveur des personnes défavorisées, dans les marchés dont la valeur estimée est égale ou supérieure aux seuils européens figurant dans un avis annexé au code des marchés publics. ». Des efforts supplémentaires doivent néanmoins être consentis, tant sur le développement de la commande publique responsable dans celles des collectivités et administrations qui disposent d'une moindre expérience en la matière, que sur l'approche qualitative dans la mobilisation des dispositifs du code de la commande publique en faveur de l'insertion (mobilisation des marchés réservés et diversification des supports de clauses notamment) afin de leur permettre de jouer pleinement leur rôle en matière d''insertion et de développement de logiques partenariales.

La nécessité des changements d'échelles, identifiée dans de nombreux rapports sur l'Insertion par l'Activité Economique au cours des dernières années, est une préoccupation de nombreux acteurs de l'IAE. Afin d'accompagner les initiatives locales œuvrant dans ce sens, la fédération Coorace a développé plusieurs approches ayant trait à la mutualisation de moyens. ETTI mutualisées entre plusieurs SIAE, Groupements Economiques Solidaires ou encore Pôles Territoriaux de Coopération Economique en font partie. A la fois vectrices de parcours d'insertion complémentaires à ceux préexistants et inscrites dans des formes de coopérations abouties, ces démarches concourent à sécuriser les parcours professionnels des personnes privées d''emploi et renforcent le pouvoir d'agir contre le chômage des organisations.

De surcroît, si la coopération est une notion structurante, elle constitue le pilier de toute démarche d'emploi déployée sur un territoire par les acteurs du réseau Coorace. Les expérimentations telles que Territoire Zéro Chômeurs de Longue Durée ou encore des Open Badges démontrent l'importance des approches par "gouvernance territoriale". En effet, la coopération à but d'emploi permet «la mise en œuvre de nouvelles relations inter organisationnelles ou interpersonnelles basées sur la réciprocité, la transparence et l'ouverture », ainsi elle participe à redéfinir davantage le territoire en proposant aux citoyens de se saisir des questions d'emploi et d'économie ; d'agir ensemble en inventant toujours de nouvelles solutions.

Ces enjeux, quoique partagés à l'échelle du réseau et au-delà, se heurtent néanmoins à une réglementation qui entrave encore trop fortement la structuration et l'organisation de ces formes de coopération. À titre d'exemple, les obligations fiscales ont des incidences sur les relations entre les membres d'un même groupe ; car aujourd'hui un membre assujetti à la TVA entraine l'assujettissement du groupe. Aussi, Coorace plaide-t-il pour un régime fiscal favorable à la structuration des coopérations économiques des acteurs de l'ESS. Il s'agirait de permettre une mixité fiscale au sein des coopérations de l'ESS.

Parmi les actions à mener collectivement sur les territoires, les nouvelles formes de gouvernance territoriale à l'échelle du bassin de vie ou des bassins d'emploi permettent de favoriser le développement économique et la création d'emploi au niveau local, la formation ainsi que la qualité et la sécurisation des emplois en associant les entreprises, les collectivités locales, les acteurs de l'ESS et du champ de l'insertion, ainsi que les salariés et les demandeurs d'emploi. Différentes expérimentations existent déjà avec la communauté des PTCE investis sur l'emploi, les comités locaux pour l'emploi animés par le réseau TZCLD, des écosystèmes de confiance orientés autour de la reconnaissance ouverte des compétences (Open badges) ou encore l'expérimentation du service public de l'insertion et de l'emploi (Spie). Ces coopérations d'acteurs s'inscrivent dans des formes diverses de gouvernances territoriales, elles sont un catalyseur nécessaire pour la réussite de projets collectifs à l'échelle du territoire et méritent d'être soutenues.

L'approche de la création d'activités et d'emploi par les coopérations territorialisées est mise en valeur dans ce rapport. Condition de réussite, la coopération est le ciment des initiatives d'insertion professionnelle et de lutte contre la pauvreté. Mais le rôle de ces coopérations, s'il est évident, ne saurait cacher le besoin d'évaluer ses effets.

Ainsi, lL'évaluation de l'Utilité Sociale et Territoriale (EUST), démarche visant à évaluer les impacts de ses actions localement, s'appuie sur présente la coopération avec les parties prenantes comme un élément essentiel, notamment avec les entreprises lucrativespour son animation. Il s'agit notamment d'évaluer avec les parties intéressées pertinentes plutôt que de manière isolée. L'utilité sociale naît aussi, et surtout, du développement des partenariats. Si son objectif premier est de mesurer l'impact des actions portées par une organisation engagée pour l'emploi et dans la lutte contre la pauvreté, elle peut aussi être valorisable Développer un partenariat avec une entreprise d'utilité sociale et territoriale contribue positivement par et pour les organisations avec lesquelles elle collabore et contribuer ainsi à l'identité et aux engagements de la responsabilité sociale des entreprises lucratives. Coorace propose à chaque adhérent sa démarche d'amélioration continue à travers son dispositif CAP. Une ambition qui est réaffirmée lors de son Congrès à Lille, en novembre 2021.

Parmi ses propositions politiques, Coorace souhaite que l'Etat et les collectivités territoriales promeuvent et soutiennent les différentes formes de Coopération des acteurs de l'ESS.

Pendant ces 10 dernières années, l'action de Coorace s'est davantage concentrée sur des coopérations structurelles, en accompagnant d'une part la création des Groupements Économiques Solidaires (GES), et en favorisant d'autre part, le développement des Pôles Territoriaux de Coopération Économique (PTCE). La réglementation actuelle entrave encore trop fortement la structuration et l'organisation de ces deux formes de coopération. Les obligations fiscales ont des incidences sur les relations entre les membres d'un même groupe ; car aujourd'hui un membre assujetti à la TVA entraine l'assujettissement du groupe. Aussi, Coorace plaide pour un régime fiscal favorable à la structuration des coopérations économiques des acteurs de l'ESS. Il s'agirait de permettre une mixité fiscale au sein des coopérations de l'ESS.

Parmi les actions à mener collectivement sur les territoires, une nouvelle gouvernance territoriale à l'échelle du bassin de vie permettrait de favoriser le développement économique et la création d'emploi au niveau local, la formation ainsi que la qualité et la sécurisation des emplois en associant les entreprises, les collectivités locales, les acteurs de l'ESS et du champ de l'insertion, ainsi

que les salariés et les demandeurs d'emploi. Différentes expérimentations existent déjà avec la communauté des PTCE investis sur l'emploi, les comités locaux pour l'emploi animés par le réseau TZCLD ou encore l'expérimentation du service public de l'insertion et de l'emploi (Spie). Ces coopérations d'acteurs s'inscrivent dans des formes diverses de gouvernances territoriales, elles sont un catalyseur nécessaire pour la réussite de projets collectifs à l'échelle du territoire.

Coorace valorise différentes coopérations croisées entre les acteurs à plusieurs échelles, du national au local. Tous les dispositifs proposés par le réseau et rappelés dans ce rapport sur les coopérations, Vita Air, Zest, Parcours, Coodiag, … s'appuient sur les principes d'actions de la démarche Développeurs de Territoires Solidaires (DTS) proposée par le réseau depuis plus de 10 ans, tels que la coopération, la co-construction, la transversalité, le décloisonnement, la vision stratégique, la prospective, la représentation et la participation des salariés. L'ensemble de ces dispositifs sont assez proches en termes de méthodologie ; ils placent tous la coopération au cœur de leur système.

Pour mieux répondre aux problématiques de chômage et de difficultés de recrutement sur certaines filières, les marchés publics peuvent jouer un rôle essentiel et favoriser les coopérations entre acteurs de l'insertion et entreprises du territoire. Les clauses sociales et à moindre échelle les marchés réservés à l'insertion, font aujourd'hui pleinement partie de la palette des outils efficaces de lutte contre l'exclusion sociale et professionnelle. Désormais le code de la commande publique fixe expressément des objectifs de développement durable aux marchés publics à travers « leur dimension économique, sociale et environnementale." Cette inscription de principe a ensuite permis l'adoption de propositions plus concrètes, proposées par Coorace. Notamment, la prise en compte, dans les conditions d'exécution des marchés et dans les contrats de concessions, « de considérations relatives au domaine social ou à l'emploi, en faveur des personnes défavorisées, dans les marchés dont la valeur estimée est égale ou supérieure aux seuils européens figurant dans un avis annexé au code des marchés publics. ».

La coopération est une notion structurante. Pour le réseau Coorace, elle constitue le pilier de toute démarche d'emploi déployée sur un territoire. Dans l'ensemble des dispositifs étudiés dans ce rapport, qu'il s'agisse de l'expérimentation Territoire Zéro Chômeurs de Longue Durée ou encore des Open Badges, la gouvernance territoriale est fondamentale. La coopération à but d'emploi permet «la mise en œuvre de nouvelles relations inter organisationnelles ou interpersonnelles basées sur la réciprocité, la transparence et l'ouverture », ainsi elle participe à redéfinir davantage le territoire en proposant aux citoyens de se saisir des questions d'emploi et d'économie ; d'agir ensemble en inventant toujours de nouvelles solutions.

Laurent Pinet, Président

Eric Beasse, Secrétaire Général

LISTE DES ABREVIATIONS

ACI : Ateliers et chantiers d'insertion professionnelle
AI : Associations Intermédiaires
ANSA : Agence Nouvelle des Solidarités Actives
CNCRESS : Conseil National des Chambres Régionales de l'Economie Sociale et Solidaire
DIRECCTE : Direction Régionale des Entreprises, de la Concurrence, de la Consommation, du Travail et de l'Emploi
DREES : Direction de la recherche, des études, de l'évaluation et des statistiques
DTS : Développeur de Territoires Solidaires
EI : Entreprises d'insertion
ESS : Économie Sociale et Solidaire
ETP : Équivalent temps plein
ETTI : Entreprises de travail temporaire d'insertion
GES : Groupement Économique Solidaire
GPEC(T) : Gestion Prévisionnelle des Emplois et Compétences (territoriale)
IAE : Insertion par l'Activité Économique
IGAS : Inspection générale des affaires sociales
INSEE : Institut national de la statistique et des études économiques
MES : Mouvement pour l'Economie Solidaire
OPCA : Organisme Paritaire Collecteur Agréé
OPCO : Opérateur de Compétence
PTCE : Pôle Territorial de Coopération Économique
RH : Ressources Humaines
RTES : Réseau des collectivités Territoriales pour une Economie Solidaire
SIAE : Structures d'insertion par l'activité économique

UMIH : Union des Métiers et des Industries de l'Hôtellerie
USH : Union Sociale pour l'Habitat
VITA : Valoriser l'Intégration dans les Territoires par la coopération d'Acteurs

BIBLIOGRAPHIE

Abgrall, C., Valdenaire, C., 2012. Etude d'impact Cèdre. COORACE, Paris.

Abhervé, M., 2020. Les Pôles d'Economie Sociale acteurs de la relance économique au Québec. URL https://blogs.alternatives-economiques.fr/abherve/2020/08/22/les-poles-d-economie-sociale-acteurs-de-la-relance-economique-au-quebec (accessed 8.23.20).

Adam, M., 2012. Les valeurs coopératives face à la crise abyssale de nos sociétés. Projectics / Proyéctica / Projectique 2, 23–39. https://doi.org/10.3917/proj.011.0023

Agence Nouvelle des Solidarités Actives, 2017a. Projet Parcours gardien, Accélérateur d'innovation sociale pour l'accès à l'emploi des chômeurs de longue durée. Agence Nouvelle des Solidarités Actives (ANSA), Paris.

Agence Nouvelle des Solidarités Actives, 2017b. Projet "Vita Air," Accélérateur d'innovation sociale pour l'accès à l'emploi des chômeurs de longue durée. Agence Nouvelle des Solidarités Actives (ANSA), Paris.

Alleau, J., Bouvet, L., Leroy, F., Trezeguet, M., 2018. Au coeur des Associations Intermédiaires: l'agilité au service des personnes et des territoires (Rapport à l'attention de Madame la Présidente du CNIAE). COORACE, Paris.

Alliance Villes Emploi, 2020. La clause sociale en 2018. Alliance Villes Emploi, Paris.

Altmayer, E., Chiron, D., 2020. Conditions de pérennité du projet sur un territoire, in: Capitalisation : Synthèse Des Travaux. Territoires Zéro Chômeur de Longue Durée, Paris, pp. 9–10.

Amblard, C., 2012. Coopération et regroupement des associations : aspects juridiques et fiscaux. recma 64–70. https://doi.org/10.7202/1016869ar

Annexe 2, L'Agrément IAE délivré par Pôle Emploi. Accord cadre entre l'Etat, Pôle emploi et les réseaux de l'IAE, 2015.

Article 261 B - Code général des impôts - Légifrance [WWW Document], n.d. URL https://www.legifrance.gouv.fr/codes/article_lc/LEGIARTI000006304272/ (accessed 1.18.21).

Association des Maires des Grandes Villes de France, Caisse d'Epargne, 2011. Rôle économique des grandes villes et grandes agglomérations (Synthèse de l'étude). Association des Maires des Grandes Villes de France.

Axelrod, R., Hamilton, W.D., 1981. The Evolution of Cooperation. Science 211, 1390–1396.

Axelrod, R.M. (1943-), Garène, M., Garène, M., 1992. Donnant donnant : une théorie du comportement coopératif / Robert Axelrod. O. Jacob. Paris.

Barthes, R., 2007. Mythologies (édition spéciale), Points Essais. Seuil, Paris.

Battilana, J., Lee, M., Walker, J., Dorsey, C., 2012. In search of the hybrid ideal. Stanford Social Innovation Review 10, 51–55.

Baules, J.-F., Chevigny, N., 2013. Les clauses d'insertion dans les marchés publics : clarifier le cadre réglementaire, in: Les Conf'At'3 de Ressources & Territoires. Centre de ressources pour les acteurs de la cohésion sociale en Midi-Pyrénées.

Beauvillard, A., Beauvillard, P., 2018. Principes d'action de la coopération. APESA - Institut des Territoires Coopératifs - Université de Toulouse 1 Capitole.

Béhar, D., Dang-Vu, H., Delpirou, A., 2018. « France périphérique », le succès d'une illusion [WWW Document]. Alternatives Economiques. URL https://www.alternatives-economiques.fr/france-peripherique-succes-dune-illusion/00087254 (accessed 5.28.19).

Beurey, T., 2020. Forte progression de la commande publique en 2019 [WWW Document]. Banque des Territoires. URL https://www.banquedesterritoires.fr/forte-progression-de-la-commande-publique-en-2019 (accessed 8.17.20).

Billaudeau, V., Bioteau, E., Minetto, B., Pierre, G., 2016. Le Pôle Territorial de Coopération Économique (PTCE) d'Ancenis : quels impacts pour le territoire ?. Communication & Organisation 61–76.

Blanc, J., 2014. Une théorie pour l'économie sociale et solidaire ? recma 118–125. https://doi.org/10.7202/1023489ar

Borello, J.-M., Barfety, J.-B., 2018. Rapport | "Donnons-nous les moyens de l'inclusion" [WWW Document]. Ministère du Travail. URL https://travail-emploi.gouv.fr/demarches-ressources-documentaires/documentation-et-publications-officielles/rapports/article/rapport-donnons-nous-les-moyens-de-l-inclusion (accessed 9.9.19).

Bost, F., Messaoudi, D., 2017. La désindustrialisation : quelles réalités dans le cas français ? Revue Géographique de l'Est 57.

Bouba Olga, O., 2019. Expérimentation Territoires Zéro Chômeur de Longue Durée. Direction de l'animation de la recherche, des études et des statistiques, Paris.

Burneleau, J., Coutellier, E., 2018. Des raisins de la colère au temps des cerises [WWW Document]. Alternatives Economiques. URL https://www.alternatives-economiques.fr/raisins-de-colere-temps-cerises/00087342 (accessed 5.28.19).

CIE, 2019. Pacte d'ambition pour l'insertion par l'activité économique : permettre à chacun de trouver sa place. Conseil de l'Inclusion dans l'Emploi, Paris.

Circulaire DGEFP n°2005/ 41 du 28 novembre 2005 relative aux ateliers et chantiers d'insertion, n.d. , NOR : SOCF0510405C.

Conchon, A., 2011. Les travaux publics comme ressource : les ateliers de charité dans les dernières décennies du XVIIIe siècle. Mélanges de l'École française de Rome - Italie et Méditerranée modernes et contemporaines 123, 173–180. https://doi.org/10.4000/mefrim.603

Coop FR, 2018. Panorama sectoriel des entreprises coopératives. Coop.fr, Paris.

Cornu, S., 2014. Les rôles des collectivités locales dans les dynamiques de PTCE, RTES. ed, Repères. Lille.

CRESS Auvergne-Rhône-Alpes, 2016. Vadémécum de la coopération économique.

Daidj, N., 2011. Les écosystèmes d'affaires : une nouvelle forme d'organisation en réseau ? Management Avenir n° 46, 105–130.

DARES, 2020. L'insertion par l'activité économique en 2018. Une baisse des embauches contrebalancée par une hausse du temps de travail (No. 008). Direction de l'animation de la recherche, des études et des statistiques, Paris.

DARES, 2019. L'insertion par l'activité économique - une hausse importante des embauches en 2017 (No. 001). Direction de l'animation de la recherche, des études et des statistiques, Paris.

Davezies, L., 2009. Les inégalités en France : une réalité multiforme. La fracture territoriale contre les facteurs de cohésion : le bras de fer. Cahiers Français 43–48.

Décret n°99-106 du 18 février 1999 relatif à l'agrément par l'Agence nationale pour l'emploi des personnes embauchées dans les organismes d'insertion par l'activité économique, 1999. , 99-106.

Décret n°99-109 du 18 février 1999 relatif aux associations intermédiaires, 1999. , 99-109.

Defalvard, H., Fontaine, G., 2018. Construire les PTCE comme des communs sociaux : quel rôle pour les pouvoirs publics ? RECMA 56–70.

DGEFP, 2018. Guide sur les aspects sociaux de la commande publique. DGEFP, Paris.

Di Domenico, M., Tracey, P., Haugh, H., 2009. The Dialectic of Social Exchange: Theorizing Corporate—Social Enterprise Collaboration. Organization Studies 30, 887–907. https://doi.org/10.1177/0170840609334954

Dorin, S., 2018. Groupement autonome de personnes : pour qui sonne le glas ? L'Argus de l'assurance.

Draperi, J.-F., 2017. De la coopérative à la coopération… et réciproquement. RECMA 343, 4–6. https://doi.org/10.7202/1038774ar

Dubost, C.-L., Pollak, C., Rey, S., 2020. Les inégalités sociales face à l'épidémie de Covid-19 - État des lieux et perspectives (No. 62), Les Dossiers de la DREES. Ministère des Solidarités et de la Santé, Paris.

Duflot, C., Lamy, françois, Hamon, B., 2014. Cérémonie d'annonce des lauréats de l'appel à projets pour le développement des Pôles territoriaux de coopération économique (PTCE).

Eme, B., 2007. Une histoire de l'insertion par l'économique, Alternatives Economiques. ed, Hors-Série Pratique. Paris.

Expérimentation territoriale visant à résorber le chômage de longue durée : bilan intermédiaire, 2019. . Expérimentation Territoriale contre le Chômage de Longue Durée, Nantes.

Forgues, B., Fréchet, M., Josserand, E., 2006. Relations interorganisationnelles. Revue francaise de gestion no 164, 17–31.

Fraisse, L., 2017. Mieux caractériser les PTCE face à un processus rapide d'institutionnalisation. RECMA 21–39.

Fraisse, L., 2014. Pôles territoriaux de Coopération Economique : synthèse des études 2013.

Fraisse, L., Gianfaldoni, P., 2017. Le pôle territorial de coopération économique (PTCE), une forme innovante de coopération territoriale de l'ESS ? RECMA 343, 19–20. https://doi.org/10.7202/1038757ar

France Bénévolat, Réseau National des Maisons des Associations, 2014. La coopération inter associative au niveau territorial, un mouvement à consolider ! France Bénévolat et Réseau National des Maisons des Associations.

Fulconis, F., 2011. « Le réseau, objet de recherche en gestion. La pluralité des cadres d'analyse » (No. hal-01442953), Post-Print. HAL.

Geindre, S., 2005. Le rôle de l'acteur tiers dans la construction d'un réseau stratégique. Revue francaise de gestion no 154, 75–91.

Gianfaldoni, P., 2017. Le PTCE comme forme spécifique de polarisation : quels principes novateurs de structuration et de gouvernance ? RECMA 40. https://doi.org/10.7202/1038779ar

Girard, S., 2015. Contribution à l'analyse des pratiques de coopération inter-organisationnelle territorialisée : le cas de l'Insertion par l'activité économique (thesis). Lyon 3.

Gosselin, H., Turan-Pelletier, G., 2015. Innovations et expérimentations dans le secteur de l'insertion par l'activité économique (No. 2015– 069R). Inspection générale des affaires sociales, Paris.

Gulati, R., 1995. Does Familiarity Breed Trust? The Implications of Repeated Ties for Contractual Choice in Alliances. The Academy of Management Journal 38, 85–112. https://doi.org/10.2307/256729

Hanet, N. (Dir.), Lecluse, F. (Dir. Adj.), 2012a. Outil d'aide à la structuration d'un groupe économique solidaire. COORACE, Paris.

Hanet, N. (Dir.), Lecluse, F. (Dir. Adj.), 2012b. Guide financier pour les groupes économiques solidaires. COORACE, Paris.

Hanet, N. (Dir.), Lecluse, F. (Dir. Adj.), 2012c. Organisation juridique et fiscale des groupes économiques solidaires. COORACE, Paris.

Hanet, N. (Dir.), Pignal, A.-C. (coord.), 2010. Pour une démarche de développement de territoires solidaires (DTS) (Manuel de référence). COORACE, Paris.

Hanet, N. (Dir.), Pignal, A.-C. (coord.), 2009. Guide méthodologique: Conduite de projets partenariaux de développement territorial, VITA : Dynamiques territoriales et insertion. COORACE, Paris.

Havet, N., Penot, A., Plantier, M., 2016. Le devenir des bénéficiaires des clauses d'insertion des marchés publics. Formation emploi. Revue française de sciences sociales 121–143.

Heidet, A., Chauvet, A., 2019. S'engager : y'a qu'à faut qu'on. www.andrechauvetconseil.fr. URL https://andrechauvetconseil.fr/wp-content/uploads/2019/01/Article-Engagement-Xoah-AChauvetconseil.pdf

Hiez, D., Lavillunière, E., 2013. Vers une théorie de l'économie sociale et solidaire. Larcier, Bruxelles.

Huet, F., Giannakou, P.G., Choplin, H., Lenay, C., 2008. Entre territoire et apprentissage, les dynamiques d'agencement. Projectics / Proyectica / Projectique n° 0, 55–67.

Innovation sociale : de quoi parle-t-on ? | Avise.org [WWW Document], n.d. URL https://www.avise.org/decouvrir/innovation-sociale/innovation-sociale-de-quoi-parle-t-on (accessed 8.10.20).

INSEE, 2019. Niveaux de vie - Pauvreté. Tableaux de l'économie française 64.

Josserand, E., 2007. Le pilotage des réseaux. Revue francaise de gestion no 170, 95–102.

KELVOA, 2017. Impacts des transformations du travailet des parcours sur l'accompagnement des personnes.

Lacroix, G., Slitine, R., 2019. L'économie sociale et solidaire: « Que sais-je ? » n° 4070. Que sais-je.

Le Corroller, C., Turbout, F., 29 mai2019. Accélérateurs et freins à l'institutionnalisation spatiale des Pôles Territoriaux de Coopération Economique (PTCE).

Lefaix-Durand, A., Poulin, D., Beauregard, R., Kozak, R., 2006. Relations interorganisationnelles et création de valeur. Revue francaise de gestion no 164, 205–227.

Lemercier, C., 2010. Réseaux et groupes d'influence – bilan historiographique.

Les clauses sociales dans la commande publique : un impact social réel, 2012.

L'insertion des chômeurs par l'activité économique : une politique à conforter, 2019. . Cour des comptes.

Loi du 1er juillet 1901 relative au contrat d'association | Legifrance, n.d.

Loi n° 98-657 du 29 juillet 1998 d'orientation relative à la lutte contre les exclusions, n.d.

LOI n° 2008-1249 du 1er décembre 2008 généralisant le revenu de solidarité active et réformant les politiques d'insertion, n.d.

LOI n° 2014-856 du 31 juillet 2014 relative à l'économie sociale et solidaire, 2014. , 2014-856.

LOI n° 2016-231 du 29 février 2016 d'expérimentation territoriale visant à résorber le chômage de longue durée (1), 2016. , 2016-231.

LOI n° 2018-771 du 5 septembre 2018 pour la liberté de choisir son avenir professionnel, 2018. , 2018-771.

LOI n° 2020-1577 du 14 décembre 2020 relative au renforcement de l'inclusion dans l'emploi par l'activité économique et à l'expérimentation « territoire zéro chômeur de longue durée » (1), 2020. , 2020-1577.

Marconi, C., 2012. Les ateliers de charité en Dauphiné : l'assistance par le travail entre secours et enjeux économiques (1771-1917). Droit. Université de Grenoble, Grenoble.

Marec, Y., 1981. Pauvres et miséreux à Rouen dans la première moitié du XIXe siècle. Annales de Normandie 13, 143–170. https://doi.org/10.3406/annor.1981.3864

Masure, B., Hurand, A., Orgogozo, C., Saighi, K., 2015. Investigation des modèles économiques des Pôles Territoriaux de Coopération Economique (PTCE) intégrant la dimension Insertion par l'Activité Economique (IAE). Direccte Ile-de-France.

McMahon, B.J., Morand, S., Gray, J.S., 2018. Ecosystem change and zoonoses in the Anthropocene. Zoonoses Public Health 65, 755–765. https://doi.org/10.1111/zph.12489

Megglé, C., 2021. S'appuyer sur les pôles territoriaux de coopération économique pour une relance durable [WWW Document]. Banque des Territoires. URL https://www.banquedesterritoires.fr/sappuyer-sur-les-poles-territoriaux-de-cooperation-economique-pour-une-relance-durable (accessed 1.19.21).

Mollet, F., 2020. Territoires zéro chômeur de longue durée. Approches coopératives, Promouvoir l'économie solidaire 58.

Noguès, H., 2012. La course à la taille est-elle inéluctable dans l'économie sociale ? RECMA 24–28.

Pecqueur, B., Zimmermann, J.-B., 2004. Economie de proximités, Hermès-Lavoisier. ed. Paris.

Pelosse, H., Chaudon, V., Fillion, S., Danon, M., Colonna d'Istria, E., 2013. Le financement de l'insertion par l'activité économique (rapport public). Inspection générale des finances ; Inspection générale des affaires sociales, France.

Perrin, C., Benzerafa, M., 2016. Réalités et enjeux de l'utilité sociale et des indicateurs d'utilité sociale pour les organisations sociales et solidaires. Gestion et management public 5 / 2, 59–75. https://doi.org/10.3917/gmp.052.0059

Petit, L., 2007. Activité, expérience et présomption de compétences, Actualité de la Recherche en Education et en Formation. Université de Strasbourg, Strasbourg.

Pierre, X., 2010. Pilotage institutionnel des coopérations interorganisationnelles dans la mise en oeuvre de stratégies territoriales : cas d'acteurs de l'efficacité énergétique et du développement durable (thesis). Paris, CNAM.

Pinkney, D.H., 1965. Les ateliers de secours a Paris (1830-1831), précurseurs des Ateliers nationaux de 1848. Revue d'histoire moderne et contemporaine (1954-) 12, 65–70.

Préambule de la Constitution du 27 octobre 1946, n.d.

Ravet, S., 2017. Réflexions sur la genèse des Open Badges. De la valorisation des apprentissages informels à celle des reconnaissances informelles — point de vue d'un praticien. Distances et médiations des savoirs. Distance and Mediation of Knowledge 2017.

Robert, G., 1981. La protection sociale et médicale sous l'Ancien Régime. Hist Sci Med 15, 251–257.

Rolland, S., 2009. Un bilan de 20 ans de certification des systèmes de management de la qualité : les apports perçus de la certification ISO 9000 par les managers. Management Avenir n° 29, 31–51.

Schmitt, K., Sicsic, M., 2018. Estimation avancée du taux de pauvreté et des indicateurs d'inégalités. INSEE Focus.

Semenowicz, P., 2017. Presses Universitaires de Rennes - Collaborer pour insérer ? Les partenariats sociaux dans l'insertion par l'activité économique, Presses Universitaires de Rennes. ed, Economie, gestion et société. Rennes.

Semenowicz, P., 2014. Collaborer avec le secteur lucratif. Revue internationale de l'économie sociale : recma La gouvernance coopérative en recherche, 78–90. https://doi.org/10.7202/102604ar

Synoptic, Labo de l'ESS, 2017. Enquête d'analyse des PTCE : Synthèse des principaux résultats. Le Labo de l'ESS, Paris.

Szostak, B., 2006. La profession de designer. Revue francaise de gestion no 161, 125–138.

TZCLD, 2020. La Privation d'emploi : référentiel de l'équipe expérimentale. Territoires Zéro Chômeurs de Longue Durée, Paris.

Valentin, P., 2013. Pour des territoires « zéro chômeur de longue durée ». Revue Projet N° 336-337, 72–78.

Valentin, P., Bazurto, V., 2020. Supplémentarité, in: Capitalisation : Synthèse Des Travaux. Territoires Zéro Chômeur de Longue Durée, Paris, pp. 7–8.

Valentin, P., Virville, M. de, 2017. L'opération Territoires zéro chômeur de longue durée. Le journal de l'école de Paris du management 30–37. https://doi.org/10.3917/jepam.126.0030

Van de Ven, A.H., Walker, G., 1984. The dynamics of interorganizational coordination. Adm Sci Q 29, 598–621.

Yon, J.-F., Loach, K., Willaume, A., 2017. Chômage, précarité : halte aux idées reçues ! Editions de l'Atelier, Ivry-sur-Seine.

TABLE DES MATIERES

Sommaire 5
Avant-Propos 7
Introduction 9
    Les enjeux de la coopération 10
    La coopération au service de l'emploi, ADN de Coorace 12
        Paradoxes et contradictions : emplois et territoires en question 12
        Coorace, 35 années de coopérations au service de l'insertion 14
        Politique de l'insertion et coopérations 15
    Rôle et mise en œuvre des coopérations au service de l'insertion et de l'emploi
.... 16
    Terrain d'étude et méthode 17
Chapitre Premier – Etat de l'art 19
    Coopération : mais de quoi parle-t-on ? 20
        La coopération : définition 20
        Coopérer à la poursuite d'un but 21
        Des aptitudes variables à la coopération 21
        Différents niveaux de coopération 23
    historiographie des coopérations 24
        Les coopérations au service de l'emploi : un objet historique ? 24
        Une période contemporaine coopérative et solidaire ? 25
        Etat des publications sur les coopérations aujourd'hui 25
    conclusion : La coopération à l'épreuve des faits 26

Chapitre II : Le terrain des coopérations : valeurs, objectifs et limites 29
   Interrelations entre organisations d'une même branche 29
      Réseau, fédération, mouvement : une définition malaisée................ 29
      Le socle d'une organisation représentative des acteurs solidaires pour l'emploi : une solidarité d'adhérent à adhérent.. 31
   De la coopération comme moyen à la coopération comme objet 32
      Les motivations des structures actrices de Coorace 33
      Le temps de l'émergence : Penser l'emploi à travers le territoire (VITA) 33
      Le temps de la stratégie : agir sur le territoire pour l'emploi (DTS)......... 34
   De la coopération à la concurrence 37
      Freins à la coopération... 37
      Quand la concurrence freine la coopération 39
   conclusion 41

Chapitre III : Coopérations au service des parcours d'insertion 43
   Démarches qualité et coopérations.. 44
      Normaliser la coopération au sein de l'entreprise : vers une légitimation du rôle de chacun 45
      Renforcer les partenariats externes : vers une légitimation territoriale..... 46
      L'enjeu d'une synergie territoriale des coopérations : les apports de l'EUST 49
   Coopération, co-responsabilité socio-économique et co-responsabilité territoriale 50
      De l'insertion à l'inclusion : vers une rupture de la notion de coopération à l'échelle d'un État nation ? 50
      La notion de responsabilité au sein des coopérations locales 51
      Le cadre institutionnel : une coopération de régulation ?............... 52
   Conclusion 54

Chapitre IV : Des coopérations au service de gestion prévisionnelle des emplois et compétences 55
   La filière structurée autour d'une multiplicité d'acteurs égaillés sur le territoire : Zest par Coorace 56
      Un Zest pour les professionnels de la restauration 57
      Une méthode adaptée à tout type de filière 57
      Résultats 59
      Zest : une coopération *sine qua non* au service des compétences............ 60
   La filière structurée autour d'un petit nombre d'acteurs aux tailles importantes : Parcours gardiens, ... 61
      L'émergence d'un modèle.. 61
      Méthode 62
      Les limites de l'essaimage : la coopération ne se décrète pas 62

Résultats 63

Vita Air ou l'exemple d'une GPECT au bénéfice de l'insertion 64

    Emergence du modèle 64

    Méthode 64

    Résultats et perspectives 66

Coopération et marchés publics 66

    Un levier pour les coopérations ? 67

    Résultats 68

    L'émergence des marchés réservés IAE : un laboratoire de compétences ? 69

Conclusion : une évolution des modèles économiques 70

Chapitre V : De la coopération contractuelle à la coopération fusionnelle 71

Cohérences de parcours : l'exemple des coopérations AI-ETTI 72

    Des conventions de partenariat pour assurer les coopérations AI-ETTI 72

    Des coopérations évolutives 74

Les Groupements économiques solidaires 75

    L'émergence des GES 76

    Renforcer son adaptation au territoire : des modèles GES variés 77

    La coopération à l'épreuve de la fiscalité 79

    Les GES une inscription au cœur des territoires au service du changement d'échelle 80

Les Pôles territoriaux de coopération économique 81

    L'émergence des PTCE 81

    Coopérer pour un territoire, coopérer par un objet 83

    L'institutionnalisation des coopérations territoriales a-t-elle tué les PTCE ? 84

Conclusion 85

Chapitre VI : De nouvelles formes de coopérations : le retour des engagements citoyens et responsables 87

Le retour du renversement théorique : Territoire Zéro Chômeurs de Longue Durée 87

    La loi sinon rien 88

    Une méthode d'animation territoriale : fabriquer le consensus par la coopération 89

    Les facteurs clés de réussite de la coopération 91

    Résultats et perspectives 92

Vers la constitution d'écosystèmes de confiance : l'exemple des open badges 92

    Qu'est-ce qu'un écosystème de confiance ? 93

    L'exemple de Saint-Lô 94

    Des badges prétextes à l'animation du territoire 97
    Conclusion 98
Conclusion et perspectives 99
Liste des abréviations 105
Bibliographie 107